古代文明・UFO・ピラミッド

迷宮招待！ 異世界への入り口

著・橘 伊津姫

汐文社
ちょう ぶん しゃ

迷宮招待！異世界への入り口

古代文明・UFO・ピラミッド

ようこそ異世界の迷宮へ！
どうぞ、扉を開けてお入りください。

はるか昔《むかし》、
地球上には

高度な文明が
築《きず》かれていた！

友人なのか、
それとも侵略《しんりやく》者なのか!?

地球外からの訪問《ほうもん》者。

ピラミッド！

人知を超《ちょう》越《えつ》した、
その知られざる謎《なぞ》とは？

もくじ

第1章

古《こ》代《だい》文《ぶん》明《めい》

アトランティス大陸《たいりく》

複数《ふくすう》の候補《こうほ》地

「超《ちょう》古代文明」という言葉を聞けば、自然に思い浮《う》かべるのがこの「アトランティス」ではないでしょうか。

1869年に作家のジュール・ヴェルヌが「海底《かいてい》2万マイル」の作中で、1882年に同じく作家のイグネシアス・ドネリーが「アトランティス・大洪水《こうずい》以前の世界」で謎《なぞ》に満ちた大陸のことに触《ふ》れています。

1912年にはトロイ発掘《はっくつ》で有名なハインリヒ・シュリーマンの孫《まご》にあたるパウル・シュリーマンが新聞

にアトランティス大陸に関する論文《ろんぶん》を掲載《けいさい》し、さらに「アトランティス実在に関する証拠《しょうこ》が

祖父《そふ》の遺品《いひん》の中に見つかった」と発表しましたが、その後、突然《とつぜん》の失踪《しっそう》により行方不明になってしまったことで世間の関心を呼《よ》びました。

「アトランティス大陸だったのではないか」とされる場所には複数《ふくすう》の候補《こうほ》地があります。

1. サントリーニ島・クレタ島・マルタ島・トロイなどを含《ふく》む「地中海説」
2. ポルトガル沖にあるアゾレス諸島《しょとう》、巨大《きょだい》な山脈が海底《かいてい》に沈《しず》んだ跡《あと》ではないかとされるマカロネシアの島々などを含《ふく》む「大西洋説」
3. マヤ文明との関わりがあるとされている説から「カリブ海説」
4. アフリカのチュニジアにあるアトラス山脈、サハラ砂漠《さばく》にあった巨大《きょだい》な内海に存在《そんざい》したとする「アフリカ説」

5.アトランティスと同様に海に沈《しず》んだとされる都・イスや、謎《なぞ》の大陸として古代ギリシアの書物に登場するトゥーレとの関係性を示す「北海説」

6.イスタンブールのトプカピ宮殿《きゅうでん》から発見された16世紀の海図「ピリ・レウスの地図」をもとに、南極《なんきょく》大陸が氷に覆《おお》われる前に巨大《きょだい》な文明があったと提唱《ていしょう》された「南極《なんきょく》説」

これらの候補《こうほ》地の中で有力視《し》されていたのは「地中海説」と「大西洋説」ですが、近年の研究で地中海にあるサントリーニ島の火山噴火《ふんか》によって滅《ほろ》んだとされる「ミノア王国」がアトランティス伝説のモデルになったのではないかとされているようです。サントリーニ島は日本の九州・阿蘇山と同じ、巨大《きょだい》なカルデラ火山で、その噴火《ふんか》により大津波を発生させました。島周辺の海底《かいてい》にはミノア王国のものと見られる文明の痕跡《こんせき》が発見されています。

アトランティスという王国

「アトランティス」とはギリシア神話の神・アトラスの女性系であり、「アトラスの娘《むすめ》」「アトラスの海」「アトラスの島」という意味があります。

また、同じくギリシア神話の海神・ポセイドンが守護《しゅご》していた地とも言われ、ポセイドンとその愛人であった人間の娘《むすめ》・クレイトオの子孫《しそん》達が統治《とうち》している王国であったと、古代ギリシアの哲学《てつがく》者プラトンが「ティマイオス」「クリティアス」の両著書《ちょしょ》の中で説明しています。

ここで、アトランティスがどのような王国であったのかを、少し説明しておきましょう。

ポセイドンとクレイトオはアトランティスにおいて5組の双子《ふたご》の男児《だんじ》を産み落とします。アトラスとエウロメス、アンペレスとエウアイモン、ムネセウスとアウトクトン、エラシッポスとメストル、アザエスとディアプレペスの子供たちです。この5組の双子《ふたご》たちが大陸を分割《ぶんかつ》統治《とうち》し、オリハルコンの柱「ポセイドンの戒《いまし》め」に従《したが》って平和に王国を治《おさ》めていました。

10人の王は常に最年長の者が王位に就《つ》き、最年長の子供に王位を譲《ゆず》りながら国を維持《いじ》していました。この10人の王には重要な2つの掟《おきて》があり、その1つは「王は互《たが》いに争《あらそ》ってはならない。王家に対する謀反《むほん》の企《たくら》みがあった場合、第1の双子《ふたご》であるアトラスの一族《ぞく》につき従《したが》い、皆《みな》で助け合わなくてはならない」、もう1つは「10王の過半数の賛同《さんどう》がなければ、いかなる王であれ勝手に処刑《しょけい》してはならない」というものでした。

アトランティスには豊富《ほうふ》な地下資源《しげん》があり、王国は他の王国と交易《こうえき》することで、たいへんな繁栄《はんえい》を誇《ほこ》っていました。都であるアクロポリスは3重の同心円状の島になっており、中央の島は直径《ちょっけい》約925m、その外側を幅《はば》約185mの環状《かんじょう》水路が取り囲《かこ》み、その外側を幅《はば》約370mの環状《かんじょう》島と第2の環状《かんじょう》水路、さらにその外側に幅《はば》約555mの環状《かんじょう》島と第3の環状《かんじょう》水路で囲《かこ》まれていました。いちばん外側の水路は幅《はば》約92・5m、深さ約30・8m、長さ約9・25㎞の運河で結ばれていたと言います。

神の怒り《いか》

水路や運河はすべて石塀《いしべい》で取り囲《かこ》まれ、主要な箇所《かしょ》には門と監視《かんし》のための物見台がつくられました。これらの石塀《いしべい》は種類《しゅるい》のちがう石材や錫《すず》・銅《どう》・オリハルコンといった金属《きんぞく》で装飾《そうしょく》されました。

中央の島・アクロポリスには王家の始祖《しそ》である最初の10王が生まれたとされる場所があり、そこに王宮が築《きず》かれました。この王宮はアトランティスをまもるポセイドンとクレイトオのための神殿《しんでん》でもあり、黄金の柵《さく》で囲《かこ》まれていました。またポセイドンが湧《わ》き出させたとする冷泉《れいせん》と温泉があり、「ポセイドンの果樹園《かじゅえん》」と呼《よ》ばれる庭園《ていえん》や浴場《よくじょう》などを潤《うるお》していたと言われています。

このようにして豊かな生活を送っていたアトランティスの人々ですが、やがて王国を治《おさ》める10王に変化が表れます。神の子孫《しそん》として生まれながらに併《あわ》せ持っていた「神性」が、人間との婚姻《こんいん》を重ねるごとに薄《うす》まっていき、代が進むにつれて欲望《よくぼう》にのみ込《こ》まれていくようになるのです。それまでは島民の生活をまもり、共に協力することで王国を支《ささ》えていた10王ですが、次第《しだい》に自分のためにその権力《けんりょく》をふるうようになり、王国の富を独占《どくせん》しようと考えるようになります。そのような王たちの姿《すがた》が神の怒《いか》りに触《ふ》れ、アトランティスは大地震《じしん》と大津波により海中に沈《しず》んでしまったと伝えられています。

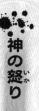

オリハルコン

幻《まぼろし》の金属《きんぞく》

アトランティスで産出された金《きん》属《ぞく》で「オリハルコス」「オレイカルコス」とも呼《よ》ばれます。霊妙《れいみょう》な力を有すると伝えられ、アトランティスの人々はこの謎《なぞ》の金属《きんぞく》を加工し、装飾品《そうしょくひん》から実用品にまで多く利用していました。このオリハルコンは「炎《ほのお》のように輝《かがや》く」と表現される金属《きんぞく》で、合金加工することでどのような金属《きんぞく》よりも強く、硬《かた》くなりました。アトランティスのアクロポリスの外壁《がいへき》はオリハルコンで覆《おお》われていて、まるで燃《も》えあがるように見えたとプラトンの著書《ちょしょ》「クリティアス」には記されています。

特異《とくい》なエネルギーを放出し、それ自体が発光しているように輝《かがや》き、決して錆《さ》びることなく何年経っても輝《かがや》きが失われることもないとされる幻《まぼろし》の金属《きんぞく》オリハルコンをふんだんに使用したアトランティスの都は、他の国々の人にはまるで「神の国」のように見えていたのではないでしょうか。

古代ギリシア語で「オリハルコン」には「山の青銅《せいどう》」という意味があり、現在のギリシア語では「真鍮《しんちゅう》」を指しています。ただオリハルコンについて記されている書物には、鉄や銅《どう》・真鍮《しんちゅう》とは書き分けられていることから、これらとは別の物質を指しているとする考えが主流です。

高度な技術《ぎじゅつ》力の謎《なぞ》

現在では純度《じゅんど》の高い鉄、もしくはヘマタイト(赤鉄鋼《せきてっこう》)、石英質の白く輝《かがや》く石がそうなのではないかとする説、合金加工が難《むずか》しく高い耐熱性《たいねつせい》を誇《ほこ》るが希少《きしょう》な銅《どう》とニッケルの合金なのではないかとする説もあります。

超《ちょう》古代人はこの金属《きんぞく》を加工する技術《ぎじゅつ》を持っており、飛行するための機械《きかい》をつくったとも言われています。

実在したオリハルコン？

2600年前にシチリア島付近で沈没《ちんぼつ》した船から、オリハルコンの成分と類似《るいじ》した金属《きんぞく》のかたまりが見つかったというニュースが発表されました。オリハルコンと思われる金属《きんぞく》のかたまり39個を積《つ》んだまま沈《しず》んだ船は、ギリシアか小アジアから出港《しゅっこう》した貿易船《ぼうえきせん》ではないかと考えられています。当時のシチリア島は芸術《げいじゅつ》・工芸品などの産業が盛《さか》んで、多くの職人《しょくにん》が働いていました。今回発見された船に積《つ》み込《こ》まれた金属《きんぞく》も、芸術品などの装飾《そうしょく》に使われるためのものであったようです。出港《しゅっこう》してまもなく沖で嵐《あらし》に遭《あ》い、積《つ》み荷ごと沈没《ちんぼつ》し、長年海底《かいてい》で眠《ねむ》っていたものが海洋調査《ちょうさ》で発見されたのです。

幻《まぼろし》の金属《きんぞく》オリハルコン、この金属《きんぞく》の謎《なぞ》が解明《かいめい》された時、また新しい技術が生まれるのかもしれません。

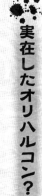

ムー大陸《たいりく》

レムリア大陸とムー大陸

「アトランティス大陸」と並んで有名なのが「ムー大陸」です。アトランティスと同じく高度な文明を持ち、その最盛期《さいせいき》には6400万人の人が住んでいたと言います。10種類《しゅるい》の民族《みんぞく》からなる文明で、東はイースター島から西はラドローヌ群島、北はハワイ諸島《しょとう》、南はポナペ、フィジー、トンガ、サモア、マルケサス諸島《しょとう》まで東西8000㎞、南北5000㎞という非常《ひじょう》に大きな大陸であったとされています。

その大陸は水路によって3つに分断《ぶんだん》されていました。

人々は太陽神を信仰《しんこう》していましたが、その真実の名前を口にすることはたいへんに失礼なことだと考え、「ラ」と呼《よ》んでいました。国王は最高神官でもあり「神の代理人」という意味の「ラ・ムー」と名乗っていました。

ムー大陸の首都はヒラニプラと呼《よ》ばれ、この他に7つの大きな都市がありました。人々は霊的《れいてき》な力を持ち、その力を使って世界中を旅していたと伝えられています。実際に各地にはムー大陸の人々がやってきたという記念《きねん》碑《ひ》が残されています。前述した「アトランティス」はムーの植民地だったのではないかという学説もあります。

また同じく超古代文明《ちょう》として有名な「レムリア大陸」ですが、ムー大陸と同じものを指しているのではないかとする説もあります。

こちらは10万年あまり存続《そんぞく》したとされている超古代文明《ちょう》で、大陸はカリフォルニア沖からアジアにわたる海域《かいいき》に存在《そんざい》し、この場所が後にムー大陸と呼《よ》ばれるようになったのではないかと言うのです。

巨大《きょだい》な帝国は2派《は》に分かれた民族《みんぞく》に支配されていました。1派《ぱ》は慈悲《じひ》深く愛に満ちた民族《みんぞく》でした。彼らは「魂《たましい》の成長と知恵《ちえ》・知識《ちしき》の拡大《かくだい》」に関心を持ち、すべてにおいて「愛情こそが第一である」と考える人々でした。もう1派《ぱ》は非常《ひじょう》に好戦的な民族《みんぞく》で、彼らは「より強い力」に関心を持ち、自分たちの持てる能力《のうりょく》を最大限《げん》に引き出し「戦いに勝利することこそ第1である」と考える人々でした。それぞれが高い技術《ぎじゅつ》力と豊《ゆた》かな資源《しげん》で発展《はってん》を遂《と》げていたとされています。この両者の中間には「ミュータント」が存在《そんざい》し、その労働《ろうどう》力を提供《ていきょう》することでレムリアに住むことを許《ゆる》されていました。

レムリア大陸はムーやアトランティスとはちがい地殻《ちかく》変動によって長い年月をかけ、海《かい》底《てい》に沈《しず》んでいったのではないかと考えられています。

大陸崩壊《ほうかい》の謎《なぞ》

ムー大陸は火山活動が非常《ひじょう》に盛《さか》んな地域《ちいき》でもありました。そのために、大陸の地下には火山性ガスの詰《つ》まった空洞《くうどう》が多く存在《そんざい》し、陸地を支える基礎《きそ》部分が虫喰《むしく》い穴《あな》のようにスカスカな状態《じょうたい》だったのではないかと考えられています。この「ガス・チャンバー」と呼《よ》ばれる空洞《くうどう》のために、大陸の基礎《きそ》は大変にもろく、わずかなきっかけで大爆発《ばくはつ》を起こす可能《かのう》性がありました。

そして今から1万2000年前、大陸の地下部分にあったガス・チャンバーが崩壊《ほうかい》します。このガス・チャンバーの崩壊《ほうかい》によって大地は支えを失い一気に1000m以上も陥没《かんぼつ》してしまったのです。この急激《きゅうげき》な地形の変化に耐《た》えきれず、大陸にあった火山が噴火《ふんか》をはじめます。もともと地下に溜《た》まっていた火山性の可燃《かねん》ガスも大爆発《ばくはつ》を起こし、地上は大混《こん》乱《らん》を極《きわ》めました。そこへ、大地の陥没《かんぼつ》がけて海水が大量《たいりょう》に流れ込《こ》み大津波をひき起こしました。

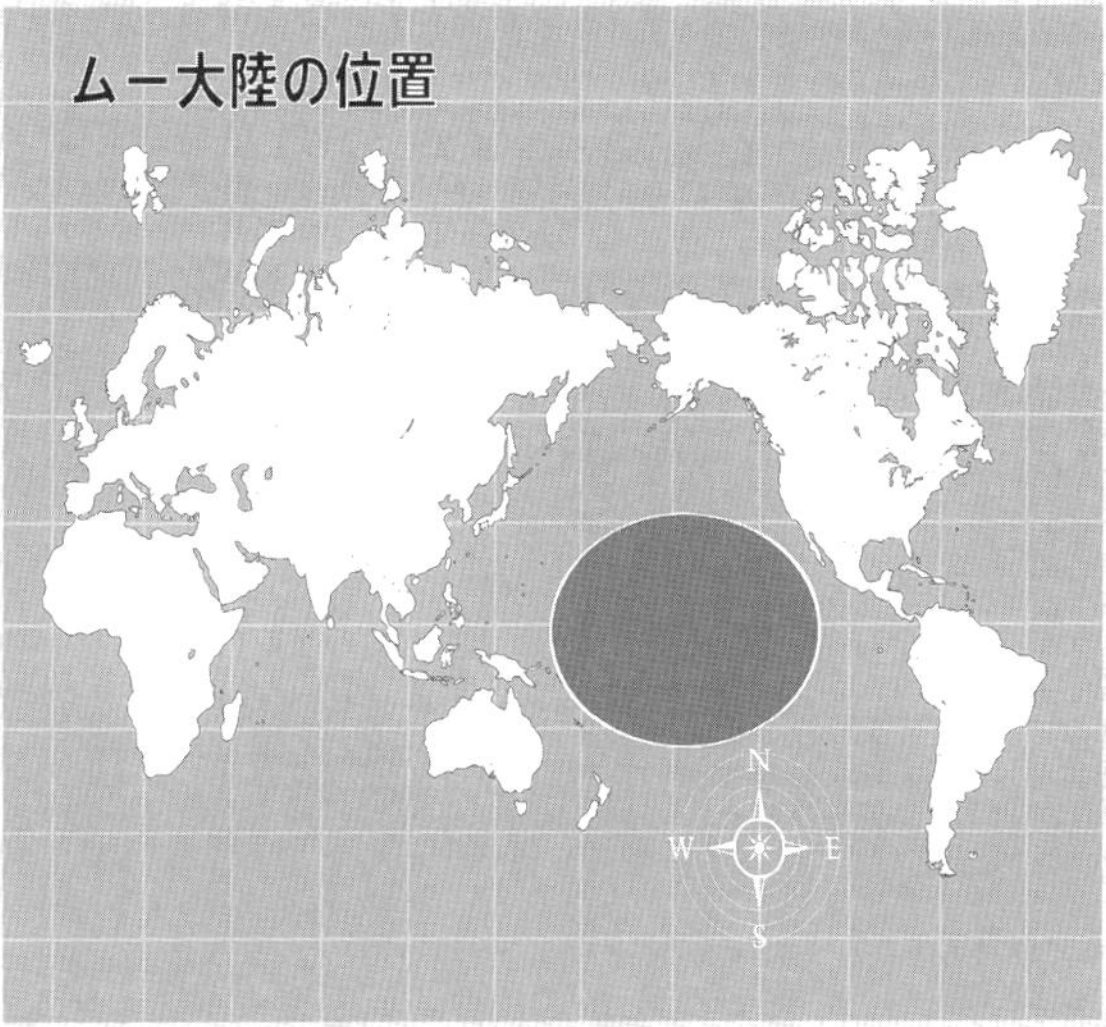

ムー大陸の位置

このような大災害《さいがい》に見舞《みま》われた大陸は「一夜にして海に沈《しず》んでしまった」と伝説が語るほどに短い時間で消えてしまったのです。ちなみに、ギリシアのプラトンによれば、ムー大陸とアトランティス大陸は、ほぼ同時期に同じような原因《げんいん》によって海底《かいてい》に沈《しず》んでいます。

日本の海《かい》底《てい》遺《い》跡《せき》

近年の研究では「ムー大陸は存在《そんざい》しなかった」というのが科学的に通説になっています。ですが「ムーという大陸はなかったがムー文明は存在《そんざい》したのではないか？」という学説があります。イースター島やフィジーなどが沈《しず》んだ大陸の突起《とっき》部分なのではなく、島々を結んだ巨大《きょだい》な「環《かん》太平洋文明」だったのではないかとする考えです。

1986年に沖縄県与那国島の海底《かいてい》で人工的に加工されたと思われる複数《ふくすう》の石造物が発見されました。太平洋の各地で発見される石造物などとの類似《るいじ》・比較《ひかく》から、これは「ムー文明の遺跡《いせき》である」と考えられるようになりました。古代の氷河期、台湾や沖縄は凍《こお》った海面でつながっており、高度な文明を有する人々が行き来していたのではないか、それらの文明の痕跡《こんせき》が与那国島海底《かいてい》に沈《しず》んだのではないかと言われています。

「ムー大陸」はアメリカの作家ジェームズ・チャーチワードの著書《ちょしょ》「失われたムー大陸」によって一大ムーブメントを巻《ま》き起こしました。しかし、実はそれよりも9年前にムー大陸の存在《そんざい》を示唆《しさ》していた人物がいるのです。日本のオカルトの祖《そ》ともいうべき、出口王仁三郎が自身の著書《ちょしょ》で「太平洋の真ん中に縦《たて》2700浬《かいり》(5000㎞)、横が3000浬《かいり》(5741㎞)、黄泉(よもつ)の島や」と記しています。

ムー大陸を滅《ほろ》ぼした大災害《さいがい》から逃《のが》れることができた一部の人々が、東へ向かう人々と西へ向かう人々とに分かれ世界中へ散《ち》っていったと言います。高度な文明と知識《ちしき》を持った人々は、たどり着いた場所でそれぞれが発達した文明を築《きず》いていったのではないかと考えられています。

メソポタミア文明《ぶんめい》の興亡《こうぼう》

メソポタミア文明の興亡《こうぼう》

歴史でおなじみの世界四大文明。エジプト文明、インダス文明、黄河文明、そしてメソポタミア文明。大きな河川のそばに誕生《たんじょう》し、後の歴史《れきし》の発展《はってん》に影響《えいきょう》を与《あた》えたとされるものです。その中でも今回は「メソポタミア文明」に光を当ててみましょう。

紀元前5000年頃《ごろ》、ユーフラテス河の流域《りゅういき》にウドバイ人と呼ばれる人々が住みはじめました。土地は肥沃《ひよく》で農耕《のうこう》に適《てき》していて、さらにユーフラテス河のもたらす豊かな恵《めぐ》みは人々の生活を支《ささ》え、その後1000年以上にわたってウドバイ人の生活の拠点《きょてん》となりました。人々は泥《どろ》でレンガをつくり、自分たちの信仰《しんこう》する神のために神殿《しんでん》をつくり、その神殿《しんでん》を中心として街《まち》をつくり、メソポタミア文明の基礎《きそ》を築《きず》きあげました。

紀元前3800年頃《ごろ》になると、この地へ別の民族《みんぞく》が移《うつ》り住むようになりました。彼らは自分たちのことを「ウンサンギガ(混《ま》ぜ合わされた者)」と呼《よ》び、「アヌンナキ」という「金を採掘《さいくつ》するために他の星から地球へやって来た」神々の集《しゅう》団《だん》によってつくり出された民族《みんぞく》だと語りました。この「ウンサンギガ」と呼《よ》ばれる民族《みんぞく》を、アッカド語で「シュメール人」と呼《よ》んでいます。シュメール人の存在《そんざい》は1850年代まで知られておらず、彼らがどこからやってきたのかはわかっていません。

シュメール人があらわれてから、文明は加速《かそく》度《ど》的に進化をはじめます。人々をまとめるために、これまで曖昧《あいまい》な形であった政治《せいじ》や宗教《しゅうきょう》がしっかりとつくりあげられ、楔形《くさびがた》文字が発明されました。月の動きを見て季節を調べるための「太陰暦《たいいんれき》」がつくられ、その暦《こよみ》をさらにわかりやすく分割《ぶんかつ》し、安息《あんそく》日を決めるための「七曜《しちよう》制」が導入《どうにゅう》されました。数を計算するための「60進法」、星の動きによって物事を決定するための「占星術《せんせいじゅつ》」、農機具《のうきぐ》や武器《ぶき》をつくるための「金属《きんぞく》の鍛錬《たんれん》」など、この時代につくり出された技術《ぎじゅつ》は今でも生きています。

バベルの塔《とう》？

天空へ伸びる「ジッグラト」と呼《よ》ばれる聖《せい》なる塔《とう》が建築《けんちく》され、崇拝《すうはい》の対象《たいしょう》となっていました。シュメール人の時代には「ウニル」と呼《よ》ばれたこの塔《とう》には、それぞれに独自《どくじ》の名前がつけられ、中でも都市ボルシッパに残されたジッグラト「エウルメイミンアンキ（天と地の七賢聖《けんせい》の家）」は聖書《せいしょ》にある「バベルの塔《とう》」のモデルになったと言われています。風雨にさらされ破損《はそん》したジッグラトはカルデア王朝時代（新バビロニア王朝時代）に修復《しゅうふく》されましたが、現在では頂上《ちょうじょう》が二つに裂《さ》けた状態《じょうたい》で、巨大《きょだい》なレンガの建造《けんぞう》物が天に向かって突《つ》き出しています。周囲《しゅうい》にはまるで雷に打たれたかのように強烈《きょうれつ》な熱によっ

てガラス化した多くの岩が散《ち》らばっています。聖書《せいしょ》の中で「天に近づこうとして神の怒《いか》りに触《ふ》れ、天の劫火《ごうか》に打たれて崩《くず》れ落ちた」という記《き》述《じゅつ》を思わせます。

ギルガメシュ王

古代メソポタミア、シュメール初期王朝時代のウルク第1王朝に伝説的な王が誕生《たんじょう》します。紀元前2600年頃《ごろ》に王位に就《つ》いたのは有名なギルガメシュ（シュメール語で「ビルガメシュ」）です。多くの神話や叙事詩《じょじし》に登場するこの王はシュメールの王名表によれば127年の間、王座にいたことになっています。

「祖先《そせん》は英雄《えいゆう》」という意味の名を持つこの王は、多くの神話や叙事詩《じょじし》に登場《とうじょう》しますが、神話の中でギルガメシュと共に描《えが》かれるエンメバラゲシの実在が確認《かくにん》されたことから、彼も実在した人物であると考えられています。彼の冒険譚《ぼうけんたん》を書き記した「ギルガメシュ叙事詩《じょじし》」によれば、女神イシュタルの求愛《きゅうあい》を断《ことわ》り、不死の薬草を探《さが》して旅にでたギルガメシュ王は「自分は半神半人で、血の2／3は神のものである」と言っています。この2／3の神の血によって127年もの長期にわたって王位についていたのかもしれません。

ギルガメシュについては実態《じったい》のほとんどが不明でありながら、シュメール人の王の中でも特別な地位を得た人物の1人であると考えて間違《まちが》いないでしょう。王か神官を兼《か》ねる神権政《しんけんせい》治《じ》がおこなわれていたこの時代、ギルガメシュ王の下には国中から莫大《ばくだい》な富《とみ》が集まりました。彼はそれらの富《とみ》を使って都市国家ウルクの城《じょう》壁《へき》を建造《けんぞう》し、バビロン第1王朝期にも引き合いに出されるなど、その名声はとどまるところを知りません。死後、神格《しんかく》化され冥界《めいかい》の王として信仰《しんこう》されました。

バビロニアと滅亡《めつぼう》

繁栄《はんえい》を誇《ほこ》ったシュメール人ですが、4380年前にセム族《ぞく》の侵略《しんりゃく》にあい、都市を奪《うば》われます。後にセム族《ぞく》が「アッカド」を建国《けんこく》、4200年前に再びシュメール人が都市を奪還《だっかん》しますが、全盛期《ぜんせいき》の力を取り戻《もど》すことができず、2000年後にセム族《ぞく》が「バビロニア」を建国《けんこく》します。これによってメソポタミア文明を築《きず》きあげたシュメール人は絶滅《ぜつめつ》し、それ以降《いこう》メソポタミア地方はアッカド地方と統一《とういつ》され、セム族《ぞく》の支《し》配《はい》下に入ることになりました。ここから多くの王朝が興《おこ》っては滅亡《めつぼう》していくという、激動《げきどう》の時代がはじまるのです。

メソアメリカ文明《ぶんめい》の母《はは》

オルメカ文明《ぶんめい》

巨石《きょせき》人頭像

「オルメカ文明」とは紀元前1200年頃《ごろ》に興《おこ》り、紀元前後にかけてメソアメリカ地域《ちいき》で繁栄《はんえい》した文明です。アメリカ大陸で最も早く誕生《たんじょう》した文明であり、その後発展《はってん》していくメソアメリカ文明の基礎《きそ》となったことから「母なる文明」と呼《よ》ばれています。

「オルメカ」とは「ゴムの国の人」と言う意味で、非常《ひじょう》に優《すぐ》れた工業技術《ぎじゅつ》を持っていました。この地域《ちいき》からは巨大《きょだい》な人の頭を刻《きざ》んだ「巨石《きょせき》人頭像（オルメカヘッド）」が発見されており、その精巧《せいこう》なつくりから当時の人々の技《ぎ》術《じゅつ》力の高さがうかがわれます。見つかった人頭像は高さ2m前後、重さ10トンもある物で、硬《かた》い玄武岩《げんぶがん》を加工してつくられています。このような人頭像が鬱蒼《うっそう》としたジャングルの中に、無《む》造作《ぞうさ》に転《ころ》がっている状態《じょうたい》で発見されました。これまでに発見されたオルメカヘッドは17体で、いちばん重い物では40トンを超《こ》えます。

いずれも頭部に丸い兜《かぶと》のような帽子状《ぼうしじょう》のものを被《かぶ》り、真正面を向いて口を「への字」に結んだ生真面目《きまじめ》な表情をしています。かぶり物に見られる装飾《そうしょく》から、王、神官、もしくはそれに次ぐ身分の高い人物の物ではないかと考えられています。

アステカにつながる文明

彼らが信仰《しんこう》していたのは、ジャングル最強の肉食獣《にくしょくじゅう》である「ジャガー」です。しなやかな体を持ち、暗闇《くらやみ》の中を音もなく忍《しの》び寄《よ》り獲物《えもの》を狩《か》るジャガーは、オルメカ人にとって力の象徴《しょうちょう》であり、同時に恐怖《きょうふ》の象徴《しょうちょう》でもあったのではないでしょうか。出土する石像にはさまざまな形のジャガーに関係する像が発見されています。

また、オルメカ人の宗教儀式《しゅうきょうぎしき》の中には「球技《きゅうぎ》」があります。この球技《きゅうぎ》はスポーツという意味合いではなく、神に捧《ささ》げる生《い》け贄《にえ》を決めるためのものであったと言われています。この試合で負《ま》けた者が生《い》け贄《にえ》になりました。球技《きゅうぎ》自体が「太陽を活性化《かっせいか》させるための神事」であったと思われます。オルメカの球技《きゅうぎ》はその後のアステカ文明にも引き継《つ》がれています。

この文明は岩や宝石を加工する工業技術《ぎじゅつ》だけでなく、絵文字や数字を使って情報《じょうほう》を共有するという技術《ぎじゅつ》も持っていました。星の動きから季節や時間を導《みちび》き出すための「数学」や「暦《こよみ》」が発達《はったつ》しており、古代文明には珍《めずら》しく「0（ゼロ）」の概念《がいねん》も理解《りかい》していたと伝えられています。

このように高い知性と技術《ぎじゅつ》を持ったオルメカ文明は、テオティワカン文明やマヤ文明へと受け継《つ》がれていきます。しかしオルメカ文明そのものは、静《しず》かに歴史上から姿《すがた》を消します。なぜ彼らが滅《ほろ》んだのか、どこへ行ってしまったのか、すべては謎《なぞ》のままです。

人類最古《じんるいさいこ》のストーンサークル
アダムのカレンダー

古代の天体運行観測装置《かんそくそうち》

ストーンサークルと言えばイギリスのストーンヘンジが有名ですが、それよりも遥《はる》かに歴史の古い巨石《きょせき》群があります。南アフリカで発見された巨石《きょせき》群は今からおよそ1万年前だとされるメソポタミア文明よりもさらに古く、7万5千年前、もしくは16万年前のものだとされています。山全体に数千にもおよぶストーンサークルが点在《てんざい》しています。

その中でも直径《ちょっけい》30ｍにもなる通《つう》称《しょう》「アダムのカレンダー」と呼《よ》ばれ

るこのストーンサークルは、天体の運行を知るための装置《そうち》で、農耕《のうこう》文化が発展《はってん》するメソポタミア以前に天文学的な知識《ちしき》を持った人類が存在《そんざい》した証拠《しょうこ》になると注目を集めています。

南アフリカのブライトリバーキャニオン自然保護区《ほごく》にあるムプマランガという山で発見されました。ほとんど手つかずの状態《じょうたい》で残っており、現存する世界唯一《ゆいいつ》の巨石《きょせき》カレンダーと言っても過言《かごん》ではありません。

ストーンサークルを構成《こうせい》している岩は「ドロマイト」と呼《よ》ばれる鉱石《こうせき》で、重さは5トンにもなります。「アダムのカレンダー」に使用されているドロマイトは別の場所から運んできたと考えられており、この時代にどうやって巨大《きょだい》な岩を運んできたのか解明《かいめい》されていません。

宇宙人の建造《けんぞう》物

16万年前と言うと、ようやく二足歩行の「ホモサピエンス」が歴史上に登場した頃《ころ》とされ、はたしてこの時代に人類にこれだけの巨石《きょせき》を用いた遺跡《いせき》がつくれたのかという疑問《ぎもん》も残ります。

そのため「アダムのカレンダー」を建築《けんちく》したのは「宇宙人ではないか?」という説もあります。

「アダムのカレンダー」周辺《しゅうへん》では非常《ひじょう》に多くの金が発見されています。「アヌンナキ」と呼《よ》ばれる宇宙人が金を求めてアフリカの地に降《お》り立ったと言われ、古代シュメール神話、バビロニア神話によれば「アヌンナキ」とは【神々の集《しゅう》

団《だん》】という意味で「アヌンナ（50柱の神々）」と「イギギ（小さな神々）」という言葉を合わしてできたものです。空からやってきた彼らを見て、初期の人類は「天空からやって来た神」「空の神」と崇拝《すうはい》したのではないでしょうか。そして「アヌンナキ」は大地に眠《ねむ》る金を得る代償《だいしょう》に、ストーンサークルを建造《けんぞう》し人類に天文学を教えた…。そう考えてしまうほど、この遺跡《いせき》は謎《なぞ》とロマンに満《み》ちあふれています。

人類の遺伝子《いでんし》を遡《さかのぼ》って行くと、最初の人類は南アフリカに誕生《たんじょう》した女性「イブ」にたどり着くと言われています。人類発祥《はっしょう》の地、人類最古の遺跡《いせき》、それらが共《とも》に南アフリカだということがとても興味《きょうみ》深いのです。

オリオン座の上昇《じょうしょう》に基《もと》づく計算によって、この遺跡《いせき》が約7万5千年前のものであると確認《かくにん》された。

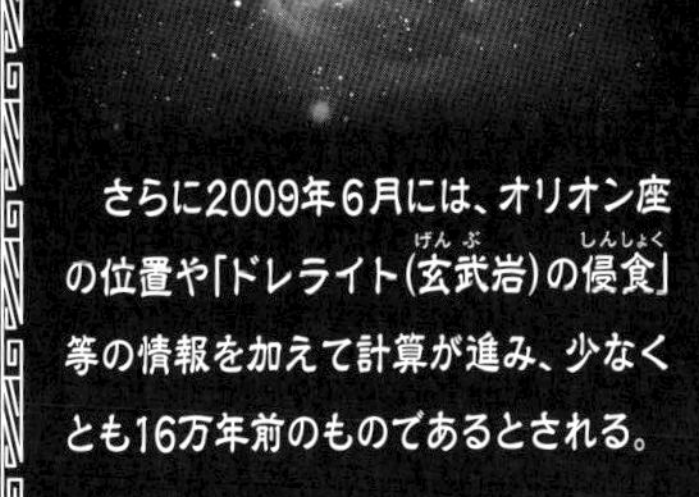

さらに2009年6月には、オリオン座の位置や「ドレライト（玄武岩《げんぶ》）の侵食《しんしょく》」等の情報を加えて計算が進み、少なくとも16万年前のものであるとされる。

亀《かめ》ヶ岡《おか》遺跡《いせき》

謎《なぞ》に満《み》ちた縄文《じょうもん》晩期《ばんき》

津軽海峡《かいきょう》をはさんで北海道の渡島半島から青森県、秋田県、岩手県にかけて発生したと言われている文明で、一般的に「亀ヶ岡文化」と呼《よ》ばれる文化があります。17世紀初頭、南津軽の浪岡城主・北島氏が残した「元禄《げんろく》日記」の中には「大小の『奇代《きだい》ノ瀬戸《せと》物』が出土し、そのために亀(瓶)ヶ岡と呼《よ》ばれる」と記録《きろく》されています。

この文明が広がっていたと思われる地域《ちいき》は非常《ひじょう》に広く、日本列島の東半分を網羅《もうら》していたそうです。

約1000年の間続いた亀ヶ岡文化の遺跡《いせき》からは、さまざまな出土品が発掘《はっくつ》されています。縄文《じょうもん》土器の形の多さと装飾《そうしょく》の複雑《ふくざつ》さは、他の遺《い》跡《せき》から出土したどの土器ともちがうものです。青森県八戸市の「是川遺跡《いせき》」では、土器の他に櫛《くし》や耳飾《みみかざ》り、腕輪《うでわ》などの装飾品《そうしょく》、漆塗《うるしぬ》りのカゴや弓、首飾《じかざ》り太刀《たち》が発掘《はっくつ》され、それらに施《ほどこ》された細かく美しい工芸技術《ぎじゅつ》が注目されています。

亀ヶ岡文化圏《けん》

また大きなゴーグルをかけた、丸みを帯びた形で有名な「遮光器土偶《しゃこうきどぐう》」も、亀ヶ岡文化期につくられた物のひとつと考えられています。他にも亀ヶ岡文化圏《けん》の地域《ちいき》で出土した特徴《とくちょう》的な物に「イノシシ型《がた》土製品《せいひん》」があります。縄文《じょうもん》時代後期末から晩期《ばんき》にかけてつくられたと思われます。この「イノシシ型《がた》土製品《せいひん》」は不思議《ふしぎ》な曰《いわ》くを持っています。と言うのは、これらがつくられたとされている縄文《じょうもん》時代には野生のイノシシは亀ヶ岡文化圏《けん》には生存していなかったことが確認《かくにん》されているからです。しかし、福島や北海道でイノシシの幼獣《ようじゅう》である「ウリ坊《ぼう》」の形をした土製品《せいひん》が多く発見されています。これはイノシシの幼獣《ようじゅう》が、生きたまま南の地域《ちいき》から持ち込《こ》まれたためではないかと考えられています。食用であったのか、それとも神に捧《ささ》げる生け贄《いにえ》としてであったのか、それはわかっていません。

森と海とに恵《めぐ》まれ、豊かな食糧事情《しょくりょうじじょう》に支《ささ》えられたこの文化圏《けん》は、絶大《ぜつだい》な権力《けんりょく》を誇《ほこ》っていたと考えられます。亀ヶ岡文化圏《けん》の東日本の人口は、最盛期《さいせいき》で25万〜27万人ほどもあったようで、これだけの人口を維持《いじ》するために農業《のうぎょう》も盛《さか》んにおこなわれていました。遺跡《いせき》の中からソバ殻《がら》や焼畑農業《やきはたのうぎょう》の痕跡《こんせき》が発見されていて、すでにこの時期、この場所ではソバが栽培《さいばい》されていたことが判明しています。同じく稲作《いなさく》がおこなわれていた証拠《しょうこ》である籾殻《もみがら》も発見されていますが、地層《ちそう》の中からイネ花粉《かふん》の化石は見つかっていないために、当時の東北地方では稲《いね》が根づかなかったのではないかと考えられています。

　発見された土器の分布《ぶんぷ》から、北は北海道根室市近郊《きんこう》から南は滋賀・奈良方面まで広がっていたと考えられます（南関東は除《のぞ》く）。

「遮光器土偶《しゃこうきどぐう》」はその独特《どくとく》な頭頂部《とうちょうぶ》装飾《そうしょく》から「王冠土偶《おうかんどぐう》」とも呼《よ》ばれます。栽培《さいばい》されていたソバの伝来した時期や本源地についてはまだ解明《かいめい》中ですが、日本海に面したアムール川流域《りゅういき》、ロシアの沿海州《えんかいしゅう》が候補《こうほ》地として挙《あ》げられています。この時代に日本海を渡る渡航手段《とこうしゅだん》があった証《あかし》ではないかと考えられています。

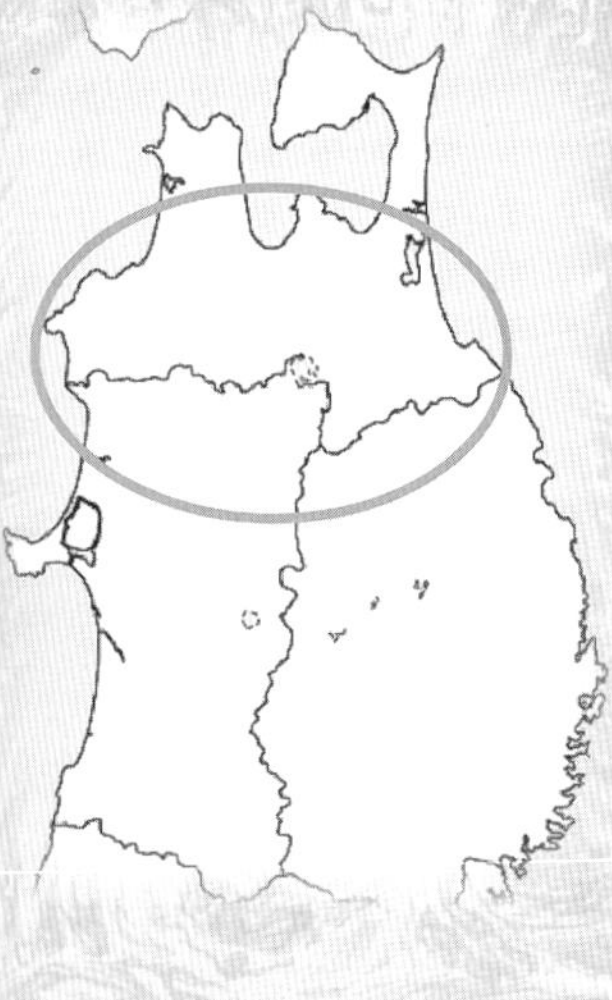

三星堆文明《さんせいたいぶんめい》・長江文明《ちょうこうぶんめい》

中国で誕生《たんじょう》・発達《はったつ》した文明といえば「黄《こう》河《が》文明」が有名ですが、中国大陸を流れるもう1つの大河・長江(揚子江)流域《りゅういき》にも栄えた文明がありました。

三星堆《さんせいたい》文明

中国四川省で発見された古代文明の遺跡《いせき》です。1930年にはその存在《そんざい》を知られていましたが、第2次世界大戦などの影響《えいきょう》もあり、長い間ひっそりと放置《ほうち》されたままになっていました。世界情勢《じょうせい》が落ち着きを取り戻《もど》した1980年代に入ってからようやく考古学調査《ちょうさ》がおこなわれ、1986年になって「これまで知られていたどの文明ともちがう、未知の様式《ようしき》の文明である」という結果《けっか》が出されたのです。

発掘《はっくつ》された青銅器《せいどうき》は独特《どくとく》の形をしています。大きなアーモンド形の目を持つ人物像、神通力《じんつうりき》ですべてを見通すという縦《たて》に飛び出した瞳《ひとみ》を持つ人物仮面《かめん》、額《ひたい》から角《つの》のように突《つ》き出した額飾《ひたいかざ》りを持つ仮面《かめん》、高さ4m近い青銅《せいどう》でできた神樹《しんじゅ》もありました。

この三星堆《さんせいたい》文明は約2000年近く続いたと見られ、その時代を4つに分けています。文明がいちばん栄えたのは、第4期の殷《いん》王朝末期から周《しゅう》王朝初期にあたる3200〜2800年前です。巨大《きょだい》な祭壇《さいだん》が建築《けんちく》され、儀式《ぎしき》のための青銅器《せいどうき》や細かい細工《さいく》を施《ほどこ》された装飾《そうしょく》品がつくられました。

「神代巴蜀《じんだいはしょく》」と呼《よ》ばれる文明の流れを継《つ》いでいると考えられ、古代蜀《こだいしょく》の初代国王「蚕叢（さんそう）」は目が縦《たて》であったと伝えられています。このため、突《つ》き出した瞳《ひとみ》（千里眼《せんりがん》）と長く大きな耳（順風耳《じゅんぷうじ》）を持つ異様《いよう》な形をした仮面《かめん》はこの蚕叢《さんそう》の姿《すがた》を象《かたど》ったもので、仮面《かめん》をつけることで神の力を得ることができると思われていたのではないでしょうか。また中国神話の中で「悪神」として伝えられている怪物《かいぶつ》たちが、三星堆《さんせいたい》文明の中では「神」として祀《まつ》られていたという形跡《けいせき》も残されています。

夏《か》王朝

紀元前2070年頃《ごろ》から紀元前1600年頃《ごろ》に存在《そんざい》したと言われる、中国最古の王朝です。「夏后（かこう）」とも呼《よ》ばれるこの王朝は、471年間続いたと記録《きろく》されています。半ば伝説的な王朝で、中国に伝わる「三皇五帝《さんこうごてい》」とは、この夏《か》王朝の王を神格《しんかく》化したものではないかと考えられています。近年まで「実在するという証拠《しょうこ》がない」とされてきましたが、洛陽郊外《らくようこうがい》にある二里頭（にりとう）と呼《よ》ばれる場所から遺跡《いせき》が発掘《はっくつ》されました。出土した遺《い》跡《せき》を炭素《たんそ》年代測定《そくてい》にかけたところ、紀元前17世紀頃《ごろ》に興《おこ》ったとされる「殷《いん》王朝」よりも古いことが確認《かくにん》され、これによって、この二里頭《にりとう》で発見された遺跡《いせき》が「夏《か》王朝」のものではないかという説が浮上《ふじょう》してきたのです。「夏《か》王朝」と「殷《いん》王朝」はその存在《そんざい》時期が重なっており、お互《たが》いに文化に影響《えいきょう》を与《あた》えていたのではないかというのが現在の解釈《かいしゃく》です。

「三皇五帝《さんこうごてい》」は臣民《しんみん》が思い描《えが》く理想《りそう》の君主像と言われ、そもそも人の姿《すがた》すらしていなかったとされます。「夏《か》王朝」を開いた「禹王《うおう》」も「三皇五帝《さんこうごてい》」の1人です。治水《ちすい》工事に長《た》け、黄河流域《りゅういき》を水害《すいがい》から守りました。また片足が不自由で跳《と》ぶように歩く様子を真似《まね》して、道教や日本の陰陽道《おんみょうどう》で儀式《ぎしき》のために場を清める歩法「禹歩《うほ》」が生み出されました。

この「禹《う》」という文字は、竜《りゅう》が体を折《お》り曲げた姿《すがた》をあらわす「九」と、蛇《へび》などの爬《は》虫類《ちゅうるい》をあらわす「虫」が組み合わさってできた文字です。これに「よく水を治《おさ》める」ことから、「禹《う》王《おう》」は川に住む魚を神格《しんかく》化した水神だったのではないかと言われています。つまり「夏《か》王朝」は水の神が開いた王朝であると考えられたのです。

殷《いん》王朝

夏《か》王朝にほど近い「鄭州（ていしゅう）」という場所に誕生《たんじょう》した王朝です。この王朝が存在《そんざい》していた時期は上記の「夏《か》王朝」と重なっています。自国を「商《しょう》」と呼《よ》び、19世紀頃《ごろ》までは架《か》空《くう》の存在《そんざい》だと思われていました。考古学調査《ちょうさ》の際に亀《かめ》の甲羅《こうら》や動物の骨が発見され、そこには朱《しゅ》色で染《そ》められた甲骨《こうこつ》文字が刻《きざ》まされていました。これにより、文字を使用する文明であったことが確認《かくにん》されました。甲骨《こうこつ》文字を朱《しゅ》で彩《いろど》ることで、それが王の勅令《ちょくれい》であったことの印《しるし》とされました。今のところ、文字を利用した最古の王朝が「殷《いん》王朝」ではないかと考えられています。

王朝は紀元前1500年頃《ごろ》から紀元前1050年頃《ごろ》まで、約500年間、30代続きました。王は祭祀《さいし》の最高権力《けんりょく》者として君臨《くんりん》し、王族《おうぞく》の王子たちで構成《こうせい》された貴族《きぞく》軍は圧倒《あっとう》的強さを見せつけました。同盟《どうめい》国から王族《おうぞく》に嫁《とつ》いだ妃《きさき》たちもまた自ら兵を率《ひき》いて戦闘《せんとう》に参加し、勝利を祈願《きがん》する巫女《みこ》ともなりました。

「殷《いん》王朝」は農業《のうぎょう》国家で、遊牧民族《ゆうぼくみんぞく》である「羌（きょう）」とは敵《てき》対関係にありました。そのために羌族《きょうぞく》を、宗教《しゅうきょう》儀式《ぎしき》の際に神への生《い》け贄《にえ》として捧《ささ》げることもあったようです。

建国の祖《そ》・契《せつ》から数えて13代目の湯は周囲《しゅうい》の国々と協力して、主君であった夏《か》王・桀《けつ》を倒《たお》し、殷《いん》の初代王になっています。

甲骨文字（殷墟博物苑）

日本《にほん》にも存在《そんざい》した
環状列石《かんじょうれっせき》・列柱《れっちゅう》

大湯環状列石《かんじょうれっせき》

日本にもストーンサークルは残されています。時期的には縄《じょう》文《もん》時代の後期につくられたとされ、とくに北海道や東北地方に多く見られます。

秋田県鹿角市十和田大湯にある「大湯環状列石《かんじょうれっせき》」はその代表として有名です。火山の噴火《ふんか》によって滅亡《めつぼう》した古代文明のものではないかとされる遺跡《いせき》が、1931年（昭和6年）に標高《ひょうこう》180mの十和田大湯の農地整備《せいび》の際に火山灰層《そう》の下から発見されました。国の特別史《し》跡《せき》に指定されており、万座遺跡《いせき》と中野堂遺跡《いせき》の2つから構成《こうせい》されています。万座遺跡《いせき》の方が大きく、直径は46mで日本最大のストーンサークルです。中央の立石は大湯から8㎞ほど離《はな》れた川から運ばれてきたと伝えられています。

この遺跡《いせき》に調査《ちょうさ》が入ったのは、太平洋戦争終戦直後の1946年（昭和21年）です。約4000年前の遺跡《いせき》と考えられます。大小の自然石によって大きな環状《かんじょう》になっています。付近にある構造《こうぞう》の酷似《こくじ》している別の遺跡《いせき》から人骨が発掘《はっくつ》され、調査《ちょうさ》により墳墓《ふんぼ》であることが判明しました。これによって万座遺跡《いせき》と中野堂遺跡《いせき》も時の権力者《けんりょく》の墓《はか》とその副葬品《ふくそう》を納《おさ》めた場所であるという説が有力視《し》されています。

三内丸山遺跡《いせき》

青森県にある「三内丸山遺跡《いせき》」でもストーンサークルが発見されています。この遺跡《いせき》は江戸時代から存在《そんざい》が知られており、弘前藩《はん》での出来事を記した『永禄日記《えいろく》』に1623年（元和9年）1月2日に大量の土偶《どぐう》が発見されていたことが記録《きろく》に残されています。

1992年に県営野球場を建設《けんせつ》するためにおこなわれた調査《ちょうさ》で、大規模《きぼ》な集落跡《あと》が発見されたために、球場建設《けんせつ》は中止となり保存《ほぞん》されることになりました。

発掘《はっくつ》されたストーンサークルは1999年に炭化した木材が出土したことから、集落の長であった人物の墓《はか》だと考えられています。これ

は最古の「木棺墓《もくかんぼ》」の跡《あと》であるとも言われています。

チカモリ遺跡《いせき》

また石材を使ったストーンサークルではなく、巨木《きょぼく》を使用した「ウッドサークル」も発見されています。

石川県にある「チカモリ遺跡《いせき》」は縄文《じょうもん》時代後期から晩期《ばんき》にかけての集落跡《あと》で、直径《ちょっけい》約10mの大型サークルが1基《き》、小型のサークルが20基《き》も発見されました。縦《たて》半分に切られた木柱が、半円部分を内側に向けて環状《かんじょう》に並べられています。現在は史跡《しせき》公園として整備《せいび》されていて、ここから発見された「八日市新保式土器」と共に

掘《ほ》り出された木柱の根本が特殊《とくしゅ》な水溶液《すいようえき》に浸《ひた》されて保存《ほぞん》されています。また公園内には復元された高さ2mの木柱が環状《かんじょう》に立てられ、当時の様子をうかがわせます。

このウッドサークルはどのような目的でつくられたのか、失われた柱の上部がどのようになっていたのか、今もまったくわかっていません。北陸の2カ所に同じような巨大遺跡《きょだいいせき》が残されていることから、はるか昔に滅《ほろ》んでしまった古代文明が存在《そんざい》した証《あかし》ではないかと研究者の注目を集め、解析《かいせき》が続けられています。

◆環状列石《かんじょうれっせき》

あまり加工されていない巨《きょ》石《せき》を用いた建造物《けんぞうぶつ》を総称《そうしょう》する名称《めいしょう》である。万座・中野堂両遺《い》跡《せき》の「日時計状」組石を結ぶラインが夏至《げし》の日没《にちぼつ》ライン上にあることから、暦《こよみ》ではないのかとする説が根強い。しかしこれほどの数を必要とすることに疑問《ぎもん》が残る。北陸・東北・北海道に独自《どくじ》の文明があったのではないかと考えられる。

知《し》るとちょっと怖《こわ》い漢字《かんじ》

皆さんが日常的に使っている「漢字」。その一つひとつに意味があるわけですが、今では思いもよらない様な意味を持っている漢字が多くあります。そのいくつかを紹介《しょうかい》してみましょう。

【童】「罪《つみ》を犯《おか》した子供」。両目のまぶたの少し上に、横長の線を刺青《いれずみ》することで「罪人《ざいにん》」であることがわかるようにしました。

【方】「鉄棒《てつぼう》のような形の木に死体をつるす形」。つるされる死体は病死《びょうし》や自然死ではなく、儀式《ぎしき》のために殺された者です。

【満】「いくらもらっても満足《まんぞく》しない、あるだけ全部手に入れないと我慢《がまん》できない」。そんな自己《じこ》中心的でわがままな意味を持つ漢字でもあります。

【範】「旅に出る前に犬をひき殺し、その血を車輪《しゃりん》に塗《ぬ》りつける」。道の神に生《い》け贄《にえ》を捧《ささ》げ、旅の無事を祈《いの》るために決められた儀式《ぎしき》から生まれました。

【白】「白骨化した頭蓋骨《ずがいこつ》(どくろ)」。長い時間をかけて骨だけになってしまった頭蓋骨《ずがいこつ》をあらわしています。

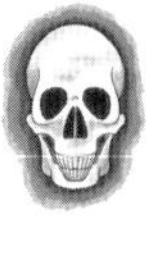

いかがですか、ちょっと漢字に対する見方が変わったでしょうか？　ここでは紹介《しょうかい》できないくらい、たくさんの漢字にちょっと怖《こわ》い意味があったりします。

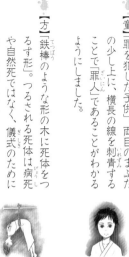

湖《みずうみ》

幻《まぼろし》が実態《じったい》に変わるとき、
恐怖《きょうふ》の波長が姿《すがた》をあらわす！

■林間学校

中学生の相田君に聞いた話。

相田君の通っていた小学校は、林間学校でS県の山中にある市営の学習施設《しせつ》を使っていた。だがその年は施設《しせつ》の老朽化《ろうきゅう》に伴《ともな》う建て替《か》え工事のため、例年とはちがう施設《しせつ》で林間学校をおこなうことになったのだそうだ。４年生だった相田君は、事前学習のために廊下《ろうか》に貼《は》り出された施設《しせつ》の写真を見て、どんな場所だろうと夏休みを楽しみにしていた。

林間学校用の行動班《はん》も決まり、自炊《じすい》でつくるカレーも調理《ちょうり》実習で上手《うま》くつくることができた。荷物《にもつ》も揃《そろ》え、あとは当日を待つのみ。まるではじめての遠足の時のように、前日は久しぶりに興奮《こうふん》して眠《ねむ》れなかった。

当日の朝キッチンではお母さんが、お昼に食べるためのお弁当《べんとう》を包んでくれていた。

朝食をかきこみ、何度もチェックしたリュックの中にお弁当《べんとう》を突《つ》っ込《こ》む。水筒《すいとう》を首から下げ、着替《きが》えなどのつまったバッグを持てば準備完了《じゅんびかんりょう》。

「行ってきます！」

相田君は玄関《げんかん》で手をふるお母さんに声をかけると、元気に学校へ向かって歩きだした。

途中《とちゅう》で同じ班《はん》の友人と合流し、相田君のテンションは嫌《いや》でもあがっていく。担任《たんにん》の先生から

湖 みずうみ ①

林間学校での注意事項《じこう》の説明を聞き、それぞれのクラスに割《わ》りふられたバスに乗り込《こ》む。さっそく水筒《すいとう》に入れたお茶を飲んでいると、後ろの席にいる仲のいい藤田君が声をかけてきた。

「なあなあ、知ってる？　これから行くG会館って、出るんだって」

「はあ？　出るって何が？」

「コレだよ、コレ」

藤田君は体の前で両手をダランと垂《た》らすと、口からベーっと舌《した》を出して見せた。

「えー、なに？　オバケ出んの、あそこ？」

好奇心旺盛《こうきしんおうせい》な小学生のこと、たちまちバスの中の話題は「オバケの怖《こわ》い話」でもちきりになってしまう。耳をふさいで「やめて！」と叫《さけ》ぶ子、「怖《こわ》い」とおびえる子、大声を出して友達を驚《おどろ》かそうとしている子、バスの中はたいへんな騒《さわ》ぎになってしまった。

「ほら、ちゃんと席につけ！　ガイドさんの説明が聞こえないだろ！」

とうとう担任《たんにん》の先生が声を張り上げて、騒《さわ》いでいる子達を注意しはじめた。先生に怒《おこ》られて、いったんは首をすくめて黙《だま》ったものの、じっとしていることなどできないのがこの学年の特長だ。

「おい、相田。夜になったら怖《こわ》い話大会しようぜ」

「なんで、わざわざ『出る』って噂《うわさ》のある場所でそんなことするんだよ?」

「なんだよ、お前、オバケ怖《こわ》いわけ?」

「別に、怖《こわ》いわけじゃないけど・・・」

ガイドさんの話がはじまっても、隣《となり》の席や前後の席で盛《も》り上がる。

車に酔《よ》う子が出たり、トイレ休憩《きゅうけい》でなかなか戻《もど》って来ない子がいたりはしたものの、予定時間をほんのわずかオーバーしただけで、バスは目的地に到着《とうちゃく》した。

施設《しせつ》は比較《ひかく》的新しく、食堂や入浴施設《しせつ》をかねた会館の奥には、生徒達が寝泊《ねと》まりするためのバンガローが林立している。その向こうに見えるのは、湖だ。水面を渡って来る風はヒンヤリとして心地よく、ちょっと肌寒《はだざむ》いくらいだった。

■遊覧船《ゆうらんせん》
荷物《にもつ》を抱《かか》えて食堂に移動し、それぞれが持ってきたお弁当《べんとう》に舌鼓《したつづみ》を打つ。

「なあ、この後って遊覧《ゆうらん》船に乗るんだよな?」

「遊覧《ゆうらん》船ってはじめてだな」

話題は当然、昼食のつぎに予定されている遊覧《ゆうらん》船での湖周遊《みずうみしゅうゆう》のことになる。

湖 み ず う み ①

湖の桟橋《さんばし》に停泊《ていはく》している遊覧《ゆうらん》船は2隻《せき》。白地に黄色で大きなヒマワリが描《か》かれているものと、黒の海賊《かいぞく》船の姿《すがた》をしたもの。奇《き》数クラスは白い遊覧《ゆうらん》船、偶《ぐう》数クラスは黒い海賊《かいぞく》船に乗り込《こ》むことになった。

1組の相田君は白い遊覧《ゆうらん》船。

「あっちの海賊《かいぞく》船の方が良かったな」

並んで遊覧《ゆうらん》船に乗り込《こ》む時、後ろの方でだれかが呟《つぶや》くのが聞こえたが。それは相田君も同じ思いだ。

「でも、こっちからだとすれちがう時に海賊《かいぞく》船をじっくり見られるよ。」

ああ、なるほど。そういう考え方もあるのか。だれだかわからないそんな会話を聞きながら、相田君はニヤリとした。

2隻《せき》の遊覧《ゆうらん》船は桟橋《さんばし》を反対の方向へと出発する。湖《みずうみ》をぐるりと半周して、桟橋《さんばし》の反対側ですれちがう予定になっている。相田君は湖の由来《ゆらい》や周辺の観光名所を案内するアナウンスの録《ろく》音《おん》を聞きながら、デッキに出て友人達と湖《みずうみ》を見ていた。

迷宮招待！異世界への入り口 オリジナル作品／湖①

湖 み ず う み ①

■湖面《こめん》

波を立てて水面を走る遊覧船《ゆうらんせん》は気持ち良かった。反対側からやってくる海賊船《かいぞくせん》のデッキで、偶《ぐう》数クラスの生徒達が手をふっている。徐々《じょじょ》に近づいて来るその船体に、周《まわ》りにいる生徒達も楽しそうに歓声《かんせい》をあげていた。

「なあ、相田。水の中にも木って生えるのかな？」

隣《となり》に立っていた宮本君が声をかけてきた。

「え、なに？」

「ほら、あそこ。水の中からなにかが突《つ》き出してる。この湖《みずうみ》って結構《けっこう》深いよな？　あんなふうに枝《えだ》が突《つ》き出してるって、大きな木なんだろうな」

彼が指さす方を見ると、水面に黒く細長い物が突《つ》き出しているのが見えた。

「本当だ。ずいぶんとデカい木だな」

遊覧《ゆうらん》船の進行方向にある、水面からポツンと突《つ》き出している木の枝《えだ》は妙《みょう》に目立っていた。宮本君はまだその木の枝《えだ》を見つめていたけれど、相田君はすぐに近づいて来る海賊《かいぞく》船の方に意《い》識《しき》が向いてしまった。

ゆっくりと近寄《よ》って来る黒い海賊《かいぞく》船は迫力満点《はくりょくまんてん》で、相田君達は思わず「おお！」と声をあげてしまう。これは確《たし》かに乗船するよりも、別の船から見る方が楽しいかもしれない。

向い合う甲板《かんぱん》デッキで海賊《かいぞく》船に夢中になっていると、後ろで宮本君が変な声をあげるのが聞こえた。慌《あわ》ててふり向き、宮本君の方を見ると、デッキの手すりをつんだままガクガクと震《ふる》えている。顔色も真っ青だ。

「おい、大丈夫《だいじょうぶ》かよ?」

近寄《よ》って顔をのぞき込《こ》むと、宮本君は眼《め》を見開いてダラダラと脂汗《あぶらあせ》を流している。

「気分が悪い?　先生呼《よ》んでこようか?」

宮本君は震《ふる》える指で、遊覧《ゆうらん》船の進行方向を差している。

「ちが・・ちがう・・・」

「どうしたんだよ?」

「木が・・・木が・・・」

うまく言葉が出てこないみたいだ。

海賊《かいぞく》船とすれちがう前に宮本君と話をしていた『水の中の木』を思い出した。相田君は湖《みずうみ》の方を見てみたが、先ほど確《たし》かに水面に突《つ》き出していた木の枝《えだ》はどこにも見えなかった。

▼つづきは94ページへ

第2章

UFO

―未《み》確《かく》認《にん》飛《ひ》行《こう》物体―

UFO漂着《ひょうちゃく》記《き》事《じ》
虚舟《うつろぶね》の蛮女《ばんじょ》

不《ふ》時着《じちゃく》したUFO

UFOにまつわる話は、なにも海外に限《かぎ》ったことではありません。江戸時代、常陸国、常陸原舎利濱(ひたちはらしゃりはま・現在の茨城県神栖市波崎舎利浜)という場所にUFOとしか思えない謎《なぞ》の漂流《ひょうりゅう》物が流れ着いたという記録《きろく》が残っています。

江戸時代の奇談《きだん》マニアたちの集まりである「兎《と》園《えん》会」「耽《たん》奇《き》会」という集まりで語られた話を、曲亭馬《きょくていば》琴《きん》(滝沢馬琴《たきざわばきん》)がまとめた『兎《と》園《えん》小説』という書物に収録《しゅうろく》されています。また馬琴《ばきん》と同じく「兎園会《とえんかい》」の会員であった屋代弘賢《やしろひろかた》の書いた『弘賢随筆《こうけんずいひつ》』にも同様の記《き》録《ろく》が認《みと》められます。

1803年(享和3年)2月26日、常陸国の海岸に得体《えたい》のしれない物体が流れ着きました。その形は釜《かま》を何倍も大きくしたものでした。中は空洞《くうどう》になっており、そのために「虚舟(うつろぶね)」と呼《よ》ばれ、外面の中央には刃物《はもの》のような羽根が張り出し、上部は黒塗《くろぬ》りの金属製《きんぞくせい》。四方には窓《まど》があり、そこに張られていたのは硝子障子《がらすしょうじ》で、隙間《すきま》を松ヤニで固《かた》められたようになっていました。素材《そざい》は上質の「南蛮鉄《なんばんてつ》」で間違《まちが》いないと記録《きろく》されています。

船体には見慣《みな》れない文字が刻《きざ》まれ、だれにも読めませんでした。

異星人《いせいじん》との遭遇《そうぐう》

この船の高さは約3・6m、横の直径《ちょっけい》は約5・4mと、それほど巨大《きょだい》なものではありませんでした。船の中には1人の女性が乗り込《こ》んでおり、年の頃《ころ》は20歳《さい》くらい、身長約152㎝。割《わり》と小柄《こがら》な体格《たいかく》で、雪のような白い肌《はだ》を持ち、長い黒髪《くろかみ》の非常《ひじょう》に美しい女性であったそうです。見たこともない上等の着物をまとい、それは絹《きぬ》ともちがい、つやつやと輝《かがや》いていました。また光の角度によってちがう色に見えたとも言います。

女性は手に60㎝四方ほどの小さな箱を大事そうに持ち、言葉はまったく通じず、それでもにこやかに微笑《ほほえ》んでいました。船の中を調

べたところ、中にはお菓子《かし》や水、肉を加工したような食品と、どのような素材《そざい》を使ったのかわからない敷物《しきもの》が2枚《まい》発見されました。発見した村人たちは、この船と女性をどうしたものかと話し合いました。もちろん、決まりとしては役所に報告《ほうこく》しなくてはいけません。しかし役人を村に呼《よ》ぶとなると、その滞《たい》在《ざい》にかかるお金などで村の財政《ざいせい》を圧迫《あっぱく》しかねません。

そこで村の長老《ちょうろう》は「この女は蛮国《ばんこく》の王女で、なにがしかの罪《つみ》を犯《おか》したために流されてきたにちがいない。このような者を村に入れては、どのような災《わざわ》いを呼《よ》ぶかも知れず、村にお咎《とが》めがあるやも知れぬ。かつて、こういった者を海に流したという先人たちの例もある」と村人たちを説得《せっとく》し、女性を元通り船に押《お》し戻《もど》して海に流してしまいました。

この話はたちまち全国に広まり、江戸でもかわら版が大量に出回り、飛ぶように売れました。馬琴《ばきん》はこの話に非常《ひじょう》に興味《きょうみ》を持ち、船と女性を再び海に押《お》し流してしまったことを聞いて「なんと思いやりのないことを。この村に流れ着いてしまったことが、蛮女《ばんじょ》の不幸であった」と嘆《なげ》いたと言います。

現在も当時に描《か》かれたかわら版が資料《しりょう》として残されています。

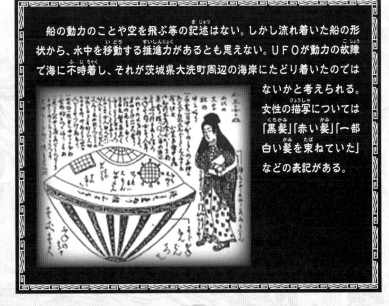

船の動力のことや空を飛ぶ等の記述《きじゅつ》はない。しかし流れ着いた船の形状から、水中を移動《いどう》する推進力《すいしんりょく》があるとも思えない。UFOが動力の故障《こしょう》で海に不時着《ふじちゃく》し、それが茨城県大洗町周辺の海岸にたどり着いたのではないかと考えられる。女性の描写《びょうしゃ》については「黒髪《くろかみ》」「赤い髪《かみ》」「一部白い髪《かみ》を束《たば》ねていた」などの表記がある。

UFO目撃《もくげき》多発《たはつ》地帯《ちたい》・世界編《せかいへん》

世界中で目撃《もくげき》されている「UFO(未確認《かくにん》飛行物体)」。このUFOの目撃情報《もくげきじょうほう》が多発している地域《ちいき》があります。これらの場所には、いったいどのような共通点があるのでしょうか?

●アメリカ　エクステーターレストリアル・ハイウェイ(NVー375)

ネバダ州の砂漠《さばく》地帯《ちたい》を走る総距《そうきょ》離《り》158・4kmのハイウェイです。あまりにも多くのUFO目撃情報《もくげきじょうほう》が寄《よ》せられるために、1996年には「地球外生命体道路」と命名されました。実はこの道、墜落《ついらく》したUF

Oから宇宙人の遺体《いたい》を回収《かいしゅう》したと言われる「ロズウェル事件」で有名な『エリア51』付近を通る道です。とすると、この道で目撃《もくげき》されるUFOはもしかして・・・？

●アメリカ パシフィック・コースト・ハイウェイ

サンフランシスコとサンディエゴを結ぶ、景《け》色《しき》の美しい海岸線を走る道です。1947年、この道でUFOの目撃情報《もくげきじょうほう》が数多く寄《よ》せられました。第2次世界大戦時には上空に数百のUFO艦隊《かんたい》が押《お》し寄《よ》せ、アメリカ軍が攻撃《こうげき》しましたが、失敗《しっぱい》したという話が残されています。

●アメリカ アリゾナ州・セドナ、フェニックス

セドナという場所は、昔から「ヴォルテックスの聖地《せいち》」だと言われています。この「ヴォルテックス」とは「地球の中を渦状《うずじょう》に走る地磁気《ちじき》エネルギー」だそうです。それがセドナの土地で地中から噴《ふ》き出しているというのです。それを目印にするのか、セドナではUFOを目撃《もくげき》したという人がたくさんいます。またフェニックスでは1997年3月、夜に複数《ふくすう》の謎《なぞ》の発光体が長時間に渡って目撃《もくげき》されました。住民の通報《つうほう》などにより、UFOの目撃《もくげき》・襲来《しゅうらい》事件としてメディアに大きく取りあげられました。後にアメリカ空軍による照明弾《しょうめいだん》を使った演習《えんしゅう》だと発表されましたが、現在でも「軍による隠蔽《いんぺい》工作ではないか」と疑《うたが》っている人が多いようです。

●南米 ペルー、アルゼンチン

アルゼンチンの首都・ブエノスアイレスから700㎞、人口1万人ほどのカピージャデルモンテと呼《よ》ばれる小さな街があります。この街で

は住民の約8割《わり》がUFOを目撃《もくげき》しているというから驚《おどろ》きです。ほとんど毎日、上空に謎《なぞ》の飛行物体や発光体が飛んでいる計算になります。

このカピージャデルモンテには先住民族《みんぞく》の聖《せい》地《ち》であった「ウリトルコ山」があります。この地では マヤ文明の遺跡《いせき》から古代マヤ人の残した『ドレスデン絵文書』が発見されました。絵文書は「世界が洪水《こうずい》によって滅《ほろ》びる」ページで終わっていて、これが一時期騒《さわ》がれた「2012年12月21日に世界が終わる」と結びつき、カルト教団などによる集団自殺《じさつ》を防《ふせ》ぐためにウルトリコ山の入山を禁止《きんし》したという事件まで起きています。

ペルーには世界的に有名な古代遺産《いさん》「ナスカの地上絵」がありますが、この地上絵を構成《こうせい》しているラインは地上からでは確認《かくにん》できません。はるか上空からでなくては全貌《ぜんぼう》を確認《かくにん》できないこれらの地上絵は、宇宙人が地球にあるUFO基地《きち》へ向かうための案内図であるとか、地球上から宇宙へ飛び立つために滑走路《かっそうろ》なのではないかと言われています。また古代インカ帝国の都「マチュ・ピチュ」があのような断崖絶壁《だんがいぜっぺき》につくられたのは、宇宙人が知恵《ちえ》と技術《ぎじゅつ》を与《あた》え、人々といっしょに暮《く》らしていたからなのではないかと考えられています。

●メキシコ　テオティワカン遺跡《いせき》

古代マヤ文明の遺跡《いせき》ですが、ここでもUFOの目撃情報《もくげきじょうほう》があげられています。太陽のピラミッドに登っていた日本人観光客の男性が、上空を跳《と》ぶUFOの撮影《さつえい》に成功《せいこう》しています。マヤ文明には「黄金の飛行機」や「ロケットに乗るパイロット」のようなレリーフが発見されています。そのために「古代マヤ文明は宇宙人がつくった文明ではないのか？」と考えられています。

●メキシコ　ポポカテペトル火山

炎《ほのお》を噴《ふ》きあげる火山であるポポカテペトル火山。火口の底には宇宙人のUFO基地《きち》があると言われ、実際に噴《ふ》きあげる溶岩《ようがん》の中に光る物体が吸《す》い込《こ》まれる動画が撮影《さつえい》されて以降《いこう》、これまでにない規模《きぼ》での噴火《ふんか》をくり返しているそうです。何か関連性があるのでしょうか？

もしかして動画に撮影《さつえい》されたことで、人間に見つからないように入り口である火口にだれも近づけないようにしているのではと推測《すいそく》されています。

●ブラジル　コラレス

コラレスでは「ブラジルのロズウェル事件《じけん》」とも言われる事件《じけん》の報告《ほうこく》がされています。アマゾン川に存在する島・コラレスで1977年、突然《とつぜん》水上に出現した謎《なぞ》の光が確認《かくにん》されました。約2カ月間この発光体はあらわれ続け、その間に住民たちからは「謎《なぞ》の光線を受け、血を抜《ぬ》かれたような感じになった」「ヤケドをした」「肌《はだ》に刺《さ》されたような傷《きず》ができた」と報告《ほうこく》がありました。後に傷《きず》がもとで2名の住民が命を落としています。これを受けて政府が真相解明《かいめい》の調査《ちょうさ》に乗り出しましたが、現在に至《いた》るまでその結果《けっか》は公表されていません。

●オーストラリア　ウィクリフ・ウィル

世界屈指《くっし》の目撃《もくげき》多発地帯として有名です。

「よほど運に見放《はな》された人でなければ必ずUFOを見ることができる」とまで言われています。大陸を縦断《じゅうだん》するスチュアート・ハイウェイには「CAUTION UFO Landing Site proceed with care（注意！　ここはUFO着陸地《ちゃくりく》　注意して進むこと）」という看板《かんばん》が立っています。オーストラリア北部のノーザンテリトリーでは、第2次世界大戦時からUFOの目撃情報《もくげきじょうほう》が記録《きろく》されています。

駆《か》け足で紹介《しょうかい》しましたが、まだまだたくさんのUFOが目撃《もくげき》されている地域《ちいき》があります。また、目撃《もくげき》されている場所には「軍」や「古代文明の遺跡《いせき》」が多く関わっているようです。これは何を意味しているのでしょうか。はるか古代の人間は地球へ飛来した宇宙人から知恵《ちえ》と技術《ぎじゅつ》を与《あた》えられ、科学力の発展《はってん》した現在の人間は宇宙人のテクノロジーを秘密裏《ひみつり》に研究しているのではないでしょうか。

目撃情報《もくげきじょうほう》があげられるようになったのは第2次世界大戦以降《いこう》に集中している。古代文明はさておき、大戦以前にはUFOの目撃情報《もくげきじょうほう》はなかったのだろうか？　単純《たんじゅん》に記録《きろく》に残っていないだけだということも考えられるが、それにしても不思《ふし》議《ぎ》な符号《ふごう》に思えて仕方《しかた》がない。

UFO目撃《もくげき》多発《たはつ》地帯《ちたい》・日本編《にほんへん》

日本各地でも多くのUFO目《もく》撃《げき》情報《じょうほう》が報告《ほうこく》されています。

●北海道 八雲町「UFOの墓場《はかば》」

山越郡八雲町西部の道路付近にある牧草《ぼくそう》地です。ここはUFOの目《もく》撃《げき》多発地帯として知られています。ここで最初の目撃情報《もくげきじょうほう》が報告《ほうこく》されたのは1977年のことです。それ以来、頻繁《ひんぱん》に目撃《もくげき》されるようになりました。撮影《さつえい》された写真などを見てみると、非常《ひじょう》に低空を飛翔《ひしょう》しているものが多く、発光体も小さいものであるのが特徴《とくちょう》です。そのため、エネルギーを使い果《は》たしたUFOがこの地で消滅《しょうめつ》しているのではないかと言われはじめ、「UFOの墓場《はかば》」と呼《よ》ばれるようになりました。

●北海道 釧路湿原《しつげん》

UFOマニアの間では釧路湿原《しつげん》はかなり頻繁《ひんぱん》にUFOが飛来することで有名です。2008年に「洞爺湖《とうやこ》サミット」が開催《かいさい》されましたが、開催《かいさい》期間中にも2件の目撃情報《もくげきじょうほう》が寄《よ》せられました。いずれも昼間に目撃《もくげき》され、低空飛行の後、数秒《びょう》で雲の中に姿《すがた》を消しています。

●北海道 渡島半島乙部町

「古代文明」の項《こう》にも登場しました「亀ヶ岡文化」の文化圏《けん》内にあった渡島半島は、北海道でもUFOの目撃情報《もくげきじょうほう》が集中している地域《ちいき》です。30年ほど前の乙部町で、決まって夕方5時から9時の間に謎《なぞ》の飛行物体が目撃《もくげき》されていました。飛行物体の飛来はほぼ毎日続き、たいへんな噂《うわさ》になりました。目撃《もくげき》された飛行物体は2機であったり、3機であったりしました。亀ヶ岡文化の出土品の1つに「遮光器土偶《しゃこうきどぐう》」がありますが、これは古代にこの地へやってきていた宇宙人の姿《すがた》を模《も》したものなのかもしれません。

●宮城 田代峠《とうげ》

山形県と宮城県の県境に位置するこの峠《とうげ》でも多数のUFOが目撃《もくげき》されています。この場所を有名にしたのは1968年(昭和43年)1月17日に起きた「航空自衛隊松島基地所属《こうくうじえいたいまつしまきちしょぞく》の戦闘《せんとう》機墜落《きついらく》」事故《じこ》です。真冬の時期、豪雪《ごうせつ》に見舞《みま》われるこの地域《ちいき》での捜索《そうさく》は非常《ひじょう》に難航《なんこう》しました。発見された戦闘機《せんとうき》は驚《おどろ》いたことに左翼《よく》を失っただけで、それ以外はほとんど損傷《そんしょう》もなく、まるで雪の上にそっと置《お》かれたような状態《じょうたい》で発見されました。周囲《しゅうい》の木々は倒《たお》れた様子もなく、とても戦闘機《せんとうき》が墜落《ついらく》した場所だとは思えませんでした。機体の捜索《そうさく》に関わった人物によれば「高速で飛んでいた機体に突然《とつぜん》大きな力が加えられ、進むことができなくなった。機体はそのまま水平の姿勢《しせい》を保ったまま、降下《こうか》していったように見えた」と語っています。この事件《じけん》以降、田代峠《とうげ》ではUFOの目撃談《もくげきだん》が増えていきました。事実、この場所では方位磁石《じしゃく》が狂《くる》うなど磁《じ》場《ば》エネルギーの乱《みだ》れが観測《かんそく》されています。このことから、付近にUFOの基地《きち》があるのではないかと噂《うわさ》されるようになりました。

●神奈川 丹沢山地

神奈川県北西部に広がる山地で、神奈川県の面積《めんせき》の約6分の1を占《し》めています。この丹沢山地は知る人ぞ知るUFOの目撃多発地帯《もくげきたはっちたい》です。2000年代から急激《きゅうげき》に目撃情報《もくげきじょうほう》が増えはじめ、寄《よ》せられるUFOの情報《じょうほう》も「単独《たんどく》で」「編《へん》隊《たい》を組んで」「緑色の発光体」「銀色の光」「オレンジ色の激《はげ》しい光」「影《かげ》ができるほどの強い光」と豊富《ほうふ》です。目撃《もくげき》される時間帯は夕方5時頃《ごろ》から日付の変わる頃《ころ》までが多いようです。

●静岡 富士山

言わずと知れた日本のシンボル・富士山。この霊峰《れいほう》・富士山でもUFOの目撃情報《もくげきじょうほう》が報告《ほうこく》されています。海外でも火山に吸《す》い込《こ》まれるように消えていく飛行物体の姿《すがた》が撮影《さつえい》されていますが、同じように富士山でも火口の底《そこ》にUFO基地《きち》があるのではないかとUFOマニアの間ではまことしやかに噂《うわさ》されています。

●山梨 甲府事件《じけん》

1975年2月23日、山梨県甲府市上町で小学2年生の男子2人が宇宙人と遭遇《そうぐう》したとされる事件《じけん》です。時刻《じこく》は夕方6時半頃《ごろ》。上空に飛来した2つのUFOのうちの1つが、2人を追いかけるような動きをしはじめ、怖《こわ》くなった2人は物陰《ものかげ》に隠《かく》れてそのUFOをやり過《す》ごしました。UFOの姿《すがた》が見えなくなってから、急いで帰宅《きたく》している途中《とちゅう》、ブドウ畑の中に着陸《ちゃくりく》しているUFOを再び目撃《もくげき》。その際、UFOの中からチョコレート色の服を着た何者かが降《お》りてくるのを確認《かくにん》しました。1人が走って家族《かぞく》の助けを求め、両親がブドウ畑に到着《とうちゃく》した時には何者かは姿《すがた》を消していました。しかし母親は銀色の光を放《はな》つ何かが空でクルクルと回っているのを目撃《もくげき》し、父親も空で消えかかる謎《なぞ》の光を目撃《もくげき》したと証言《しょうげん》しています。この報告《ほうこく》を受けて放射《ほうしゃ》能《のう》の専門技師《せんもんぎし》が現地の調査《ちょうさ》をおこないました。その結果《けっか》、UFOと思われる物体が着陸《ちゃくりく》していたとされる場所からは、微量《びりょう》の放射能《ほうしゃのう》が検出《けんしゅつ》されました。

●長崎 五島列島《れっとう》

2007年から2009年にかけて、五島列《れっ》島《とう》ではUFOの目撃情報《もくげきじょうほう》が相次《あいつ》いでいます。この場所で撮影《さつえい》されるUFOの写真はいずれも非常《ひじょう》に明るく、鮮《あざ》やかな色をしているのが特徴《とくちょう》です。これらのUFOが五島列島《れっとう》の上空を乱舞《らんぶ》し、付近の住民は不安な日々を過《す》ごしました。現在でもUFOの目撃《もくげき》は続いています。

●沖縄 那覇

2014年1月、那覇市上空でオレンジ色に光る謎《なぞ》の飛行物体が複数目撃《ふくすうもくげき》されました。上下左右に移動《いどう》をくり返した飛行物体は、15分ほど発光した後、すべて消えてしまいました。夜間飛行訓練《くんれん》をおこなっていた自衛隊機《じえいたいき》ではないかとも言われましたが、その日は午後7時20分までに全ての訓練《くんれん》を終えており、上空を飛ぶ自衛隊機《じえいたいき》は1機もなかったことが確認《かくにん》されています。その数日後にはアメリカ軍の使用した照明弾《しょうめいだん》であったと報道《ほうどう》されましたが、多くの人は「あれはUFOだったにちがいない」と今でも考えられています。

近年では「東京スカイツリー」や「羽田空港《くうこう》」「成田空港《くうこう》」での目撃情報《もくげきじょうほう》が増えている。文明が進むにつれ、それを監視《かんし》するように頻繁《ひんぱん》に目撃《もくげき》されるようになった「UFO」。人間が時間や時空をこえて超長距離《ちょうちょうきょり》を移動《いどう》できるUFOの科学力を手に入れたとしたら、はたしてどのような使われ方をするのだろうか…。

あなたの隣《となり》にもいる？ エイリアン

これまで確認《かくにん》されているエイリアンには、どのような種《しゅ》類《るい》があるのでしょうか。

●ヒューマノイド型《がた》

人類と同じように二足歩行、両手を使って作業をおこなうなどの特徴《とくちょう》を持ったエイリアンです。顔や皮膚《ひふ》などが人間と同じとは限《かぎ》らず、その形状だけを見て分類されています。

●グレイ型《がた》

一般的に「エイリアン」と言えば、最初に思い浮《う》かべるのはこのタイプ。背《せ》は低《ひく》く、頭が大きく、体毛はありません。特徴的《とくちょう》なのは目で、白目がなく、真っ黒な目が顔全体の3分の2ほどを占めています。鼻《はな》や耳はそれとわかるような穴《あな》があり、口はまるでカミソリで粘土《ねんど》に切れ目を入れたような感じです。

●ウンモ星人

乙女座《おとめざ》のウンモ星からやって来たとされるエイリアン。自分たちの情報《じょうほう》を地球人に与《あた》えていると思われ、その話を聞いたという報告《ほうこく》は後を絶《た》ちません。すでに人類に混《ま》じって生活しているとされていて、その数は70体を超《こ》えると言われます。

●金星人

アダムスキー型《がた》UFOの名前にもなっているジョージ・アダムスキーに宇宙哲学《てつがく》を教えたとされるエイリアンです。人類による「核《かく》実験《じっけん》」への心配を伝えたとも言われています。

●プレアデス星人

人類と非常《ひじょう》に似《に》た姿《すがた》をしているエイリアン。すでに人類に紛《まぎ》れて地球で暮《く》らしており、訛《なま》りのきついドイツ語を話すと言われています。種の起源《きげん》は人類と同じともされており、友好的な関係を築《きず》こうとしているようです。

●レプティリアン型《がた》

映画やTVドラマなどでおなじみの爬虫類《はちゅうるい》のような姿《すがた》をしたヒューマノイド型《がた》のエイリアンです。性格《せいかく》は凶暴《きょうぼう》で、人に擬態《ぎたい》（変身）する能力《のうりょく》を持っています。ある特定の血筋《ちすじ》を「レプティリアンの血族《けつぞく》である」と考えている人たちも存在《そんざい》します。

●アニマリアン型《がた》

人の姿《すがた》をしておらず、地球上に生息《せいそく》する何らかの生物に似《に》ている姿《すがた》をしているタイプのエイリアン。「火星人」と言われて思い浮《う》かべるタコのような姿《すがた》をしたエイリアンがこの「アニマリアン型《がた》」に分類されます。

●ロボット型《がた》

人や動物などといった生物の姿《すがた》をしておらず、機械《きかい》や金属《きんぞく》の姿《すがた》をしたエイリアン。肉体を持たず、交換可能《こうかんかのう》な機械《きかい》の体を持っているタイプです。元々は岩や鉱物《こうぶつ》などの姿《すがた》をした生命体とも考えられます。また、単体の思考と全体の思考とを共有するために集合している場合もあるようです。

●フラットウッズ・モンスター

日本では「3mの宇宙人」で知られる、別名「ブラクストン郡《ぐん》のモンスター」と呼《よ》ばれるエイリアンです。その姿《すがた》は特徴《とくちょう》的で、身長3m、宇宙《ちゅう》に浮《う》いて移動《いどう》するために足は確認《かくにん》されていません。トランプのスペードのような形をしています。

さまざまなタイプのエイリアンが報告《ほうこく》されている。UFO研究家達によれば、すでに地球上には多種多様《たしゅたよう》な星のエイリアンが飛来し、人間に紛《まぎ》れて暮《く》らしている。

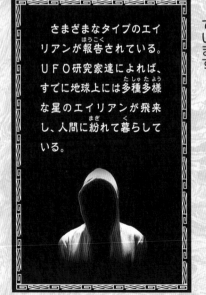

アブダクション

宇宙人による誘拐《ゆうかい》・拉致《らち》事件《じけん》を俗《ぞく》に「アブダクション」と言います。夜道を歩いていて、家の中で寝《ね》ていて、家族《かぞく》とのドライブ中に、と事件《じけん》に遭遇《そうぐう》するシチュエーションはさまざまです。

ヒル夫妻《ふさい》誘拐《ゆうかい》事件《じけん》

目撃《もくげき》と遭遇《そうぐう》

1961年9月19日、アメリカ・ポーツマスに住むヒル夫妻《ふさい》は、休日のバカンスを終えて自宅《じたく》へ帰る途中《とちゅう》、上空に輝《かがや》く謎《なぞ》の光を見つけます。妻《つま》のベティ・ヒルは夫に「もっと近くで見たい」と訴《うった》えたために夫のバーニー・ヒルは車を停《と》め、用心のために車のトランクに積《つ》んであった拳銃《けんじゅう》を取り出しました。

以前に「空飛ぶ円盤《えんばん》を目撃《もくげき》した」と自分の姉妹から話を聞いていたベティは、空を横切る光る物体の行方《ゆくえ》を双眼鏡《そうがんきょう》で観察《かんさつ》しているうちに、その光る物体が飛行機でも衛星《えいせい》でもないことに気がつきます。そんなベティの目の前で飛行物体は驚《おどろ》くほど高度を下げ、2人が乗っている車のすぐ近くまでやって来ました。バーニーは光の正体をよく見ようと双眼鏡《そうがんきょう》と拳銃《けんじゅう》を手に車を降《お》り、近寄《よ》って行きました。まるでふり子のように揺《ゆ》れ動いていた光る物体には窓《まど》のようなものがあり、そこから数人の人影が自分を見下ろしていたように感じたと証言《しょうげん》していま

す。双眼鏡《そうがんきょう》をのぞいていると、リーダーらしい人影が「そのまま動かず、よく見ておくように」というメッセージを送ってきました。彼が困惑《こんわく》していると、光るコウモリの羽のような翼《つばさ》が折《お》りたたまれ、飛行物体の底から長い階段状《かいだんじょう》の機《き》械《かい》が地上に向かって降《お》りて来ました。

これに恐怖《きょうふ》を覚えたバーニーは、あわてて双《そう》眼鏡《がんきょう》から目を離《はな》し、停《と》めていた車に駆《か》け戻《もど》りました。そして妻《つま》に飛行物体を見張るように伝えてから、車を急発進させました。その時には、飛行物体は車の真上に移動《いどう》しており、車の窓《まど》を開けてベティが空を確認《かくにん》したつぎの瞬間《しゅんかん》、車を揺《ゆ》らすほどの大きな音が響《ひび》き、その音が車を追いかけてきました。車を走らせ続けているうちに、2人とも急激《きゅうげき》な疲労《ひろう》感を覚え、それと同時

に全身がヒリヒリするような痛《いた》みを感じはじめました。2人が自宅へ帰り着いた頃《ごろ》には、すでに東の空が白みはじめていました。2人は奇《き》妙《みょう》な興奮状態《こうふんじょうたい》で、落ち着かなかったと証言《しょうげん》しています。それぞれ自分が見たと思うものをスケッチしました。描《か》きあがったスケッチは妙《みょう》に似《に》ていて、これを不審《ふしん》に感じた夫妻《ふさい》は「光る飛行物体を目撃《もくげき》してからこれまでの出来事」を、順に並べてみることにしました。ですが、2人の記憶《きおく》は不自然に途切《とぎ》れていて、完全に思い出すことができなくなっていたのです。

夢でよみがえる体験《たいけん》

謎《なぞ》の飛行物体との遭遇《そうぐう》から、不安を抱《かか》えたベティはたびたび悪夢《あくむ》に悩《なや》まされるようになります。夢の中で意識《いしき》が朦朧《もうろう》としている彼女と夫のバーニーは、2人の「小さな男」といっしょに夜の森を歩いています。そのまま歩き続けると、金属製《きんぞくせい》の円盤《えんばん》があり、全員その中へ入って行きました。そこでベティとバーニーは数人の男たちに囲《かこ》まれ、別々の部屋に連れて行かれることになりました。彼らはベティに英語で話しかけていましたが、完全に言葉を理解《りかい》しているわけではないらしく、やりとりに苦労《くろう》したそうです。そして連れて行かれた部屋では、彼女が「ドクター」と名づけた男が「地球人と自分たちのちがいを調べるために検査《けんさ》をおこなう」と彼女に告《つ》げ、イスに座《すわ》るようにすすめました。男はベティの口や目、手足を調べて、髪《かみ》の毛の1

房《ふさ》と爪《つめ》を切り取り、刃物《はもの》で皮膚《ひふ》を薄《うす》く切ってサンプルを採取《さいしゅ》してから、ベティにテーブルの上に横たわるように要求しました。うつ伏《ぶ》せになった体に機械《きかい》を当てられ、神経系《しんけいけい》も調べられたと言います。つぎにベティを裸《はだか》にすると、長い針《はり》を手に取り、それを彼女のへそに突《つ》き刺《さ》しました。これは生殖機能《せいしょくきのう》を調べていたのだろうとベティは感じたそうです。さらにベティは「彼らは『加齢《かれい》』というものを理解《りかい》できなかったようだ」と言っています。

彼女は男たちに「どこから来たのか?」と質《しつ》問《もん》しましたが、男たちが示した地図(星図)は見たこともない記号ばかりで、ベティには地球がどこなのかもわかりませんでした。男は「これが理解《りかい》できなければ、自分たちがどこから来たのかを説明することは不可能《ふかのう》だ」と彼女に告《つ》げました。

2人は停《と》まっていた車まで連れて行かれた後、光る宇宙船が飛び去るのを確認《かくにん》し、それから車を走らせ、自宅《じたく》が見えてきたあたりで目が覚《さ》めるのです。

1966年に作家のジョン・フラーが、ヒル夫妻《ふさい》と、夫妻《ふさい》の催眠治療《さいみんちりょう》に関わった医師《いし》の協力で「宇宙誘拐《ゆうかい》　ヒル夫妻《ふさい》の中断《ちゅうだん》された旅」という本を出版しました。この本にはベティが宇宙船内で目にしたという「星図」のスケッチも掲《けい》載《さい》されていました。

キャトルミューティレーション

宇宙人によるサンプル採集《さいしゅう》か？

一般的にはあまり聞き慣《な》れない言葉ですが、これは「宇宙人による家畜《かちく》の大量殺傷《たいりょうさっしょう》事件《じけん》」を指す言葉です。

1968年12月。アメリカ・テキサス州にある牧場《ぼくじょう》から1件の通報《つうほう》が入りました。何者かによって、牧《ぼく》場《じょう》内で飼育《しいく》されていた家畜《かちく》数頭が殺されたというものでした。通報《つうほう》を受けて到着《とうちゃく》した警察《けいさつ》官が目にしたのは、異様《いよう》な光景《こうけい》でした。あるものは鼻《はな》先が切り取られたようになくなり、またあるものは腹部《ふくぶ》をごっそりとえぐり取られています。舌《した》と眼球《がんきゅう》だけを切り取られて死んでいる羊の姿《すがた》もありました。

牧場《ぼくじょう》主のアルバート・ロジャーは、警察《けいさつ》官の質問《しつもん》にこのように答えました。

「夕べは暗《くら》くなる前に馬と牛を小屋に移《うつ》してカギをかけた。羊たちは柵《さく》の中に追い込《こ》んだ後で、犬を放《はな》してから家に入った。怪《あや》しい物音は何も聞いていないし、犬たちも騒《さわ》がなかった」

死骸《しがい》を確認《かくにん》してみると、傷《きず》口はまるでレーザーメスで焼き切ったように滑《なめ》らかで、しかも、死骸《しがい》の体内には血抜《ぬ》きをしたように血液《けつえき》が残っていなかったのです。

長年、牧場経営《ぼくじょうけいえい》にたずさわってきたアルバートは「もしもこれがオオカミやコヨーテのような野生動物によるものであるなら、食い荒《あ》らされた残骸《ざんがい》が周囲《しゅうい》に散《ち》らばっているはずだ。それに、こんなにスパっと切り取られているなんて、獣《けもの》のしわざとは考えられない」と語りました。

警察《けいさつ》も事態《じたい》の異様《いよう》さに注目し、付近一帯で聞きこみをしたり、死んだ羊の死骸《しがい》を詳細《しょうさい》に検査《けんさ》したりしましたが、結局《けっきょく》のところ犯人を探しだすことができませんでした。周辺《しゅうへん》の牧場《ぼくじょう》主や住民からも「この辺りでオオカミやコヨーテが出たなどと言う話は聞いたことがない」という証《しょう》言《げん》しか得られませんでした。

また1972年5月、同じくアメリカ・モンタナ州でも放牧中の牛や馬が大量《たいりょう》に死んでいるのが発見されました。昼休憩《きゅうけい》の終わった牧場《ぼくじょう》主が放牧《ほうぼく》している牛の見回りに出向いた際に、数頭の牛が倒《たお》れて死んでいるのを発見しています。また数メートル離《はな》れた柵《さく》の中では、放牧《ほうぼく》中の馬が数頭倒《たお》れて死んでいました。

牛は乳房《ちぶさ》をえぐられたもの、肛門《こうもん》部分から腸《ちょう》にかけてえぐられたもの、馬にいたっては首から頭部にかけての皮をきれいにはぎ取られ、筋《きん》肉組織《にくそしき》がむき出しになっていました。これも周《しゅう》囲《い》に血痕《けっこん》などは残っておらず、鋭利《えいり》な刃物《はもの》で切り取ったか、レーザーで焼き切ったような跡《あと》が残っていました。また死骸《しがい》の体内に血液《けつえき》は残っていませんでした。

このようなことから、「野生動物や人間による犯行《はんこう》ではない。宇宙人が地球上の動物の体組《そ》織《しき》を研究するために、密《ひそ》かに採取《さいしゅ》して持ち帰っているにちがいない」という推測《すいそく》が広まってきました。

キャトルミューティレーションの特徴《とくちょう》

●死骸《しがい》の周囲《しゅうい》には異臭《いしゅう》がする
●死んだ家畜《かちく》の体に仲間である家畜《かちく》は近寄《よ》ろうとしない
●放置《ほうち》しておくと溶《と》けるように崩《くず》れる
●死骸《しがい》から少し離《はな》れた場所で高い放射能《ほうしゃのう》を検《けん》出《しゅつ》した
●家畜《かちく》が死んでいた現場で謎《なぞ》の緑色の液体《えきたい》が発見される。触《ふ》れると痛《いた》みや腫《は》れを生じる

世界各地からの報告《ほうこく》も

被害《ひがい》はアメリカに留《とど》まらず、イギリスでも報《ほう》

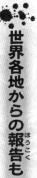

告《こく》されています。こちらは今でも被害《ひがい》が続いています。また、この問題を長期にわたって調査《ちょうさ》している団体組織《だんたいそしき》に所属《しょぞく》する16人が、羊の死骸《しがい》を調査《ちょうさ》している最中に上空を飛ぶUFOを目撃《もくげき》したと報告《ほうこく》しています。メンバーの1人は「オレンジ色の発光体が上空を飛び、レーザーのようなものを照射《しょうしゃ》していた。この発光体は明らかに地球のものではなく、宇宙からやってきた高い知性とテクノロジーを持った未知の存在《そんざい》だった」と語っています。

1960年の謎《なぞ》

現在では動物学者の研究・調査《ちょうさ》により「野生の肉食獣《にくしょくじゅう》の牙《きば》でも、手術《しゅじゅつ》用メスのように滑《なめ》らかな傷跡《きずあと》になる。肉食獣《にくしょくじゅう》は大型の獲物《えもの》を捕食《ほしょく》する際、食べやすい、比較《ひかく》的柔《やわ》らかい体の部位から口をつける。そのために腹部《ふくぶ》や乳房《ちぶさ》、舌《した》などが最初になくなる。眼球《がんきゅう》や耳がなくなっているのは、肉食獣《にくしょくじゅう》の食い残しにやってくる鳥のせいで、決して宇宙人のしわざなどではない。また死骸《しがい》の体内に血液《けつえき》が残っていなかったのは、死んだ動物の体の下側に集まった血液《けつえき》が流れ出し、そのまま地面に染《し》みこんでしまったからだ」という見解《けんかい》が発表されました。

しかし、「なぜ1960年以降《いこう》に多く報告《ほうこく》されるようになったのか」「野生の肉食獣《にくしょくじゅう》に捕食《ほしょく》されたのであれば、周辺《しゅうへん》にもっと血液《けつえき》が飛び散《ち》っているはず」「地面に血液《けつえき》が染《し》み込《こ》んだにしても、周辺《しゅうへん》の植物にすら血液《けつえき》が付着《ふちゃく》していな

いのはおかしい」などの疑問《ぎもん》が残ります。
そしてこの「1960年代以降《いこう》に報告《ほうこく》されるようになった」という事実が、ある憶測《おくそく》を呼《よ》びました。「アメリカ軍が秘密裏《ひみつり》に何らかの実験《じっけん》をおこなっているのではないか」というものです。死骸《しがい》が発見された現場で高レベルの放射能《ほうしゃのう》が検出《けんしゅつ》されていることからも「軍が放射能汚染《ほうしゃのうおせん》をチェックしているのではないか」という噂《うわさ》がまことしやかにささやかれるようになりました。事実、現場付近では上空を旋回《せんかい》する所属《しょぞく》のわからない黒いヘリコプターが何度も目撃《もくげき》されるなど、怪《あや》しげな報告《ほうこく》もあげられています。

「キャトル」とは「牛」のこと。最初に報告《ほうこく》された事件《じけん》は1967年9月9日、コロラド州アラサモの牧場《ぼくじょう》。被害《ひがい》にあったのは馬だった。対象《たいしょう》となる動物は牛だけに留《とど》まらず、羊や犬までも含《ふく》まれる。さまざまな検証実験《けんしょうじっけん》により「野生動物によるもの」と結論《けつろん》づけられたが、宇宙人による仕業《しわざ》との考えは根強く残っている。

軍《ぐん》の陰謀《いんぼう》か、捏造《ねつぞう》か？

ロズウェル事件《じけん》

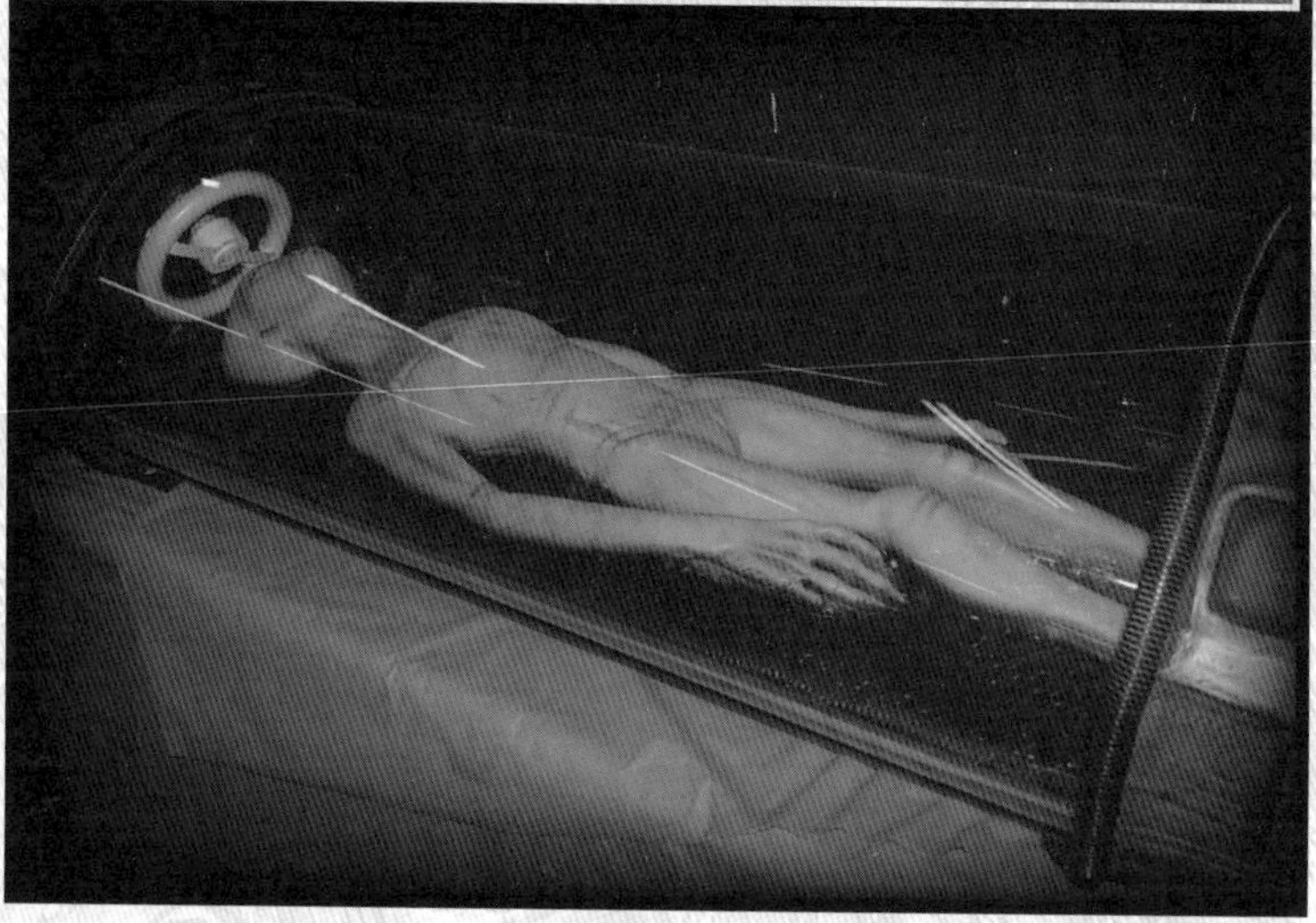

UFO、エイリアンの話をする上で、避《さ》けて通れないのがこの「ロズウェル事件《じけん》」です。

この事件《じけん》は1947年7月8日に、アメリカ・ニューメキシコ州のロズウェル陸軍《りくぐん》飛行場から発表されたプレリリース（報道機関《ほうどうきかん》に向けた報告《ほうこく》・発表）が発端《ほったん》となっています。報告《ほうこく》の中でアメリカ陸軍《りくぐん》は「第509爆撃航空軍《ばくげきこうくうぐん》の職員《しょくいん》がロズウェル付近の牧場《ぼくじょう》から、墜落《ついらく》したと思われる『空飛ぶ円盤《えんばん》』を回収《かいしゅう》した」としています。その数時間後、今度は第8航空軍《こうくうぐん》司令《しれい》官が「職員《しょくいん》が発見・回収《かいしゅう》したものは『空飛ぶ円盤《えんばん》』などではなく、気象観測用《きしょうかんそく》の気球である」と発表を訂正《ていせい》しました。

しかし実は7月1日から、基地《きち》のレーダーは異常《いじょう》な行動をする飛行物体をとらえていました。レーダーが補足《ほそく》した光点はあらわれたり消えたりしながら、時速1600㎞という恐《おそ》ろしいスピードで基地上空《きち》を飛び回っていました。これは当時の最速記録《きろく》を持っていた戦闘機《せんとうき》の700㎞を軽く超《こ》えています。7月4日にも、謎《なぞ》の光点はレーダー上を猛《もう》スピードで飛び回っていました。やがて天候《てんこう》が変化し、激《はげ》しい雷雨となります。上空で大きな雷鳴《らいめい》が轟《とどろ》いた瞬《しゅん》間《かん》、レーダーに映《うつ》っていた光点も姿《すがた》を消しました。正体の分からない飛行物体は、空中で落雷《らくらい》にあい、空中爆発《ばくはつ》を起こして落下したと考えられます。この様子を目撃《もくげき》した人は多く、軍関係者だけに留《とど》まらず、付近の住民、さらに考古学調査隊《ちょうさたい》にまで及《およ》びました。

その後、大した追加発表もなされず、この事件《じけん》は人々の脳裏《のうり》から忘れられていきました。しかし30年後の1978年、1人の人物により再び脚光《きゃっこう》を浴《あ》びるようになりました。UFO研究家であるスタントン・T・フリードマンが、1947年当時、墜落《ついらく》したと思われる「空飛ぶ円盤《えんばん》」の残骸回収《ざんがいかいしゅう》に関わったとされるジョージ・マーセル少佐に行ったインタビューで、彼から「軍が異星人《いせいじん》の乗り物を秘密裏《ひみつり》に回収《かいしゅう》していた」との証言《しょうげん》を聞き出したためです。1980年にはナショナル・エンクワイアラー紙がこれらのインタビュー記事《きじ》を掲載《けいさい》したことによって、ロズウェル事件《じけん》が注目を浴《あ》びるようになったのです。

この「謎《なぞ》の物体」が墜落《ついらく》し、発見された場所は人里離《はな》れた奥地《おくち》ではなく、民間で管理《かんり》されている牧場《ぼくじょう》の敷地《しきち》内でした。そのため、現場には多くの見物人が集まり、中には実際に残骸《ざんがい》に触《ふ》れたという人もいます。現場も長さ1km以上、幅《はば》150mという広範囲《こうはんい》であったために、残骸《ざんがい》はあちこちに散《ち》らばり、「現物を見た」「破片《はへん》を拾《ひろ》った」という証言《しょうげん》も多数残されています。牧《ぼく》場《じょう》の管理《かんり》者であったマック・ブレイゼルは「アルミ箔《はく》のような薄《うす》い金属片《きんぞくへん》と、ゴムひも、棒《ぼう》と非《ひ》常《じょう》に丈夫《じょうぶ》な紙でつくられた物体を拾《ひろ》った」と証《しょう》言《げん》しました。

発見された「木材のような板状の物体」にはピンクと紫《むらさき》色の塗料《とりょう》で文字が書かれていましたが、集まった人々の中でこの文字を解読《かいどく》できる者はいなかったそうです。そしてこの木材に火を近付けてもまったく燃《も》えず、煙《けむり》すら出なかったと言われています。また、マック・ブレイゼルが拾《ひろ》ったとされるアルミのような薄《うす》い金《きん》属片《ぞくへん》は非常《ひじょう》に柔《やわ》らかく、手で簡単《かんたん》にクシャクシャにすることができました。変形させるとパリパリと乾《かわ》いた音を立て、手を放《はな》すと再び音を立てながら元の形に戻《もど》り、シワや傷《きず》をつけることもできませんでした。この金属片《きんぞくへん》は見た目からは想像《そうぞう》もできないほど頑丈《がんじょう》で、何人かがハンマーを使って破壊《はかい》しようと試《こころ》みるも失敗《しっぱい》に終わりました。

現場の北部でキャンプをしていた男女も、上空を滑空《かっくう》しながら墜落《ついらく》していく謎《なぞ》の飛行物体を目撃《もくげき》しています。「機体の一部が地面にめり込《こ》み、機体の外には死体のようなものが横たわっていた。身長は120㎝から150㎝くらいだった」と証言《しょうげん》しました。

また、この事件《じけん》から44年後、軍の回収《かいしゅう》チームのメンバーであったフランク・カウフマンが「墜《つい》落《らく》していた機体は割《さ》けて一部からは中をのぞくこともできた。異星人《いせいじん》と思われる遺体《いたい》があり、衝撃《しょうげき》からか1体は近くの枯《か》れた川の方に投げ出され、もう1体は機体からぶら下がるようになっていた」と証言《しょうげん》しています。さらに、機体の中には3体目の遺体《いたい》が発見され、全員が銀色のつなぎ目のないウェットスーツのような服を着ていたとされています。人間と同じような体型《たいけい》と顔をしていて、小さな目鼻《はな》口を確認《かくにん》することができました。

基地《きち》へ呼《よ》び出された元葬儀《そうぎ》屋のグレン・デニスは小さな3つの棺《ひつぎ》の注文を受けています。翌《よく》日《じつ》、基地病院《きちびょういん》で顔見知りの看護《かんご》スタッフから棺《ひつぎ》が必要なのは人間ではなく、地球外生命体であると教えられました。不審《ふしん》がる彼に対し、看護《かんご》スタッフは自分が見たもののスケッチを描《か》きながら「2体の状態《じょうたい》はよくなかったが、1体だけは無傷《きず》であり、解剖《かいぼう》をおこなった。すべての遺《い》体《たい》が体に対して巨大《きょだい》な頭部を持つ、アンバランスな体型《たいけい》をしていた」と説明してくれました。この話を聞いてから数日後、デニスは「聞いたことを他言したら、だれかがあなたの骨《ほね》を砂漠《さばく》で拾《ひろ》うことになるだろう」と軍関係者《ぐん》から警告《けいこく》を受けたと言います。エイリアンの情報《じょうほう》を話してくれた看護《かんご》スタッフとはその後も手紙でやり取りをしていましたが、ある時、彼女宛《あて》の手紙に「死亡《しぼう》」とスタンプされ送り返されてきたそうです。

これらの目撃談《もくげきだん》・証言《しょうげん》に対し、アメリカ政府《せいふ》は、1997年6月24日にアメリカ空軍総司令《そうしれい》部が提出した報告書《ほうこくしょ》を公式見解《けんかい》としています。それによれば、「1947年に回収《かいしゅう》された物は極秘《ごくひ》の調査《ちょうさ》気球であり、また『宇宙人の死体の回収《かいしゅう》と解剖《かいぼう》』とは1956年6月26日に発生したKC97航空機《こうくうき》の墜落事故《ついらくじこ》との記憶混同《きおくこんどう》である」とされています。

未だに多くの謎《なぞ》を抱《かか》えた「ロズウェル事件《じけん》」。「政府《せいふ》は真実を隠《かく》そうとしている」「軍《ぐん》がエイリアンの遺体《いたい》を極秘裏《ごくひり》に解剖《かいぼう》して研究している」との声が、事件《じけん》から約70年経《た》とうとしている現在もあがり続けていることが、注目度の高さを感じさせます。

世界で最も有名なUFO関連事件《じけん》。2015年5月、これまで非公開とされていた「ロズウェル事件」に関する宇宙人証拠《しょうこ》写真を公開するイベントが開催《かいさい》され多くの注目を集めたが、取り立てて新しい証拠《しょうこ》も提《てい》示《じ》されず「金儲《もう》けのための手段《しゅだん》だったのではないのか」との批判《ひはん》が寄《よ》せられた。

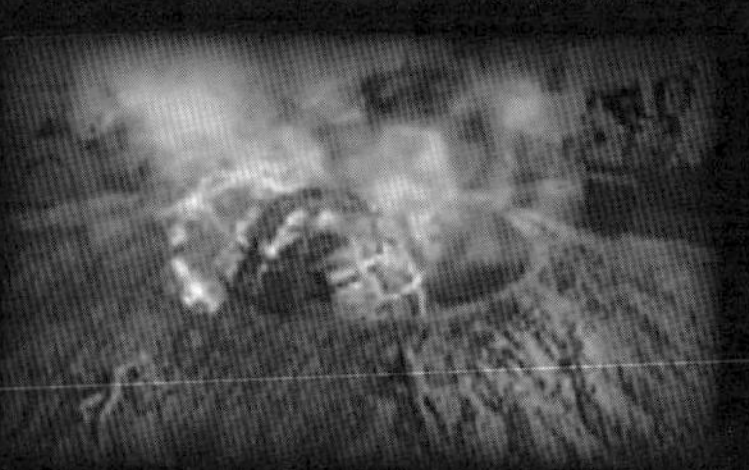

地球人《ちきゅうじん》を観察《かんさつ》する存在《そんざい》

太古から宇宙人は地球に来ていた！

あるUFO研究家によれば、今この地球上には、人類に紛《まぎ》れて暮《く》らす宇宙人が多く存在《そんざい》するそうです。彼らは人間の姿《すがた》をして、人間と同じ物を食べ、何食わぬ顔で生活を続けていると言います。では、なぜ彼らはこのように地球に興味《きょうみ》を示すのでしょうか？

太古の昔、まだ人類がサルからの進化途中《とちゅう》にあった時、遥《はる》か彼方《かなた》の星からやってきた宇宙人たちは地球にたどり着き、その類《たぐい》まれな科学力で幼《おさな》い地球人たちを導《みちび》いたという考え方があります。見たこともない道具を使い、病気《びょうき》を治療《ちりょう》し、天候《てんこう》を操《あやつ》り、作物を育てる方法を教えた宇宙人を、人類は「神」として崇《あが》めたのではないでしょうか。そしてその姿《すがた》を洞窟《どうくつ》の壁《かべ》などに「壁画《へきが》」として残したのではないかと推測《すいそく》されます。

石器時代に人類が暮《く》らしていたと思われる洞窟《どうくつ》から発見される壁画《へきが》の中には、明らかに人類とはちがう姿《すがた》をした人物が描《えが》かれています。「神」を宇宙人だったと考えると、少しでもその姿《すがた》に近づこうと動物の角《つの》や羽根を身につけ、その言葉を真似《まね》ようと呪文《じゅもん》をつくりあげたのではないかと思えてくるのです。

飛来《ひらい》し続ける理由

その後、人類に文明を任せて宇宙人は一旦《いったん》地球を離《はな》れますが、UFOは地球に飛来《ひらい》し続け、人類の「成長」を観察《かんさつ》していたのではないでしょうか。

人類が近代的な武器《ぶき》を手に入れ、一瞬《いっしゅん》で大《たい》量《りょう》の人間を殺戮《さつりく》できるようになった第2次世界大戦中、各地でUFOの目撃《もくげき》が相次《あいつ》ぎました。編隊《へんたい》を組み、まるで人類を威嚇《いかく》するかのように。

そして人類が宇宙へと飛び出して以降《いこう》。動画の記録媒体《きろくばいたい》を気軽に持ち歩けるようになったことも関係していると思われますが、非常《ひじょう》に多くの目撃情報《もくげきじょうほう》が寄《よ》せられるようになりました。人類の、そして文明の発達《はったつ》・成熟《せいじゅく》度合いを観察《かんさつ》しているように、彼らは上空から私たちを見ているのではないでしょうか。人間にさまざまな考え方を持つ者がいるように、地球へやってくる宇宙人が、すべて人類に対して友好的なわけではありません。地球の資《し》源《げん》、人体実験《じっけん》や繁殖《はんしょく》が目的なのかもしれません。また、人類が宇宙に対して我《わ》が物顔で好き勝手をすれば、容赦《ようしゃ》なく攻撃《こうげき》してくるかもしれません。光でさえ到達《とうたつ》するのに何十光年、何百光年とかかる距離《きょり》をいともたやすく飛び越《こ》えてやってくる存在《そんざい》に対して、どのように対応するのかが課題《かだい》となるでしょう。

「地球植民地《しょくみんち》化」や「人類家畜《じんるいかちく》化」等の意見は以前から言われていた。またＵＦＯが移動する際の補給基地《ほきゅうきち》として地球を利用しているという説もある。各国の軍部が秘密裏《ひみつり》に宇宙人を捕獲《ほかく》、研究しているとの話も漏《も》れ聞こえるが、真偽《しんぎ》の程《ほど》は定かでない。宇宙人が「人類不要」の決断《けつだん》を早急に下さないことを祈《いの》るばかりだ。

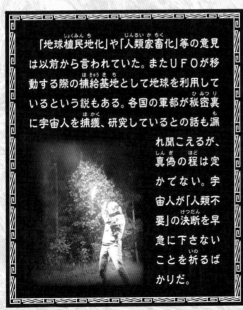

目撃《もくげき》されるUFOの種類《しゅるい》

UFO（未確認《かくにん》飛行物体）の主な種類《しゅるい》

●アダムスキー型《がた》

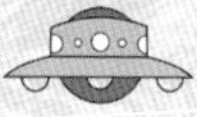

1952年にジョージ・アダムスキーが撮影《さつえい》したことで一躍《いちやく》有名になった形のUFOです。全体的に丸いフォルムをしていて、回転しながら飛びます。「UFO」と言えばこの形を思い浮《う》かべるほど、オーソドックスなものでした。現在ではほとんど見かけられなくなりました。

●円盤型《えんばんがた》

アルミ製《せい》の灰皿《はいざら》を2枚《まい》貼《は》り合わせたような形をしているUFOです。このUFOを目撃《もくげき》した人々から「フライングソーサー（空飛ぶ皿）」と呼《よ》ばれるようになりました。

●ドーナツ型《がた》

言葉通りそのまま、ドーナツのようなリング状のUFOです。単独《たんどく》でやってくる場合も、いくつか重なり合った状態《じょうたい》で目撃《もくげき》される場合もあります。

●葉巻型《はまきがた》

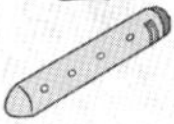

細長い葉巻状《はまきじょう》の形をしたUFOで、多数の目撃情報《もくげきじょうほう》があります。小さな球体のUFOが出入りしている様子も撮影《さつえい》されており、これらの飛行物体の母船ではないかと考えられています。

●球型《きゅうがた》

以前から頻繁《ひんぱん》に目撃《もくげき》されていましたが、近年になってさらに目撃情報《もくげきじょうほう》が増えた球体のUFO。発光しながら空を飛び、ジグザグと複《ふく》雑《ざつ》な動きをしたかと思うと、急に分裂《ぶんれつ》するなど、複雑《ふくざつ》な動きをします。

●菱型《ひしがた》

80年代から目撃《もくげき》されていたUFOです。平べったい「エイ」のような形をした飛行体で、

高速飛行、急停止《ていし》など慣性《かんせい》の法則《ほうそく》を無視《むし》した動きをくり返します。

●三角形型《がた》

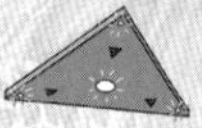

鋭角《えいかく》的な姿《すがた》をした飛行体で、80年代後半から目撃《もくげき》されるようになりました。３カ所の角と中心部から発光し、急激《きゅうげき》な加速《かそく》をかけて飛行します。アメリカ空軍の戦闘機《せんとうき》とニアミスしたり、大型《がた》旅客機《りょかくき》から目撃《もくげき》されたりと、人類の飛行技術《ぎじゅつ》に興味《きょうみ》があるような出現の仕方《しかた》をしています。

●Ｖ字型《がた》

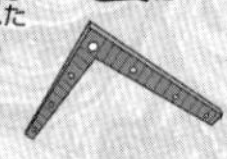

三角形型《がた》をさらに進化させたようなＶ字型《がた》のＵＦＯ。船体に沿《そ》って光が並び、非常《ひじょう》に派《は》手《で》な見た目をしています。地球を飛ぶ際の空気抵抗《ていこう》を考えれば、この形が最も適《てき》しているのではないかと思われます。近年になって目《もく》撃《げき》情報《じょうほう》が相次《あいつ》ぎました。

●ピラミッド型《がた》

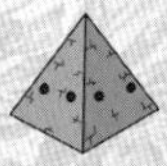

ピラミッドを2つ貼《は》りつけたような独特《どくとく》の形をしています。２０１１年に中国で目撃《もくげき》されました。おそらく母船ではないかと思われ、周囲《しゅうい》を小さな飛行体が旋回《せんかい》しているのが確認《かくにん》されています。

●渦巻《うずま》き型《がた》

光が螺旋状《らせんじょう》に渦《うず》を巻《ま》きながら飛ぶという、不思議《ふしぎ》な形をしたＵＦＯです。80年代に中国

では数百万人、２００９年にはノルウェーで数千人以上の人々に目撃《もくげき》されています。回転《かいてん》する渦《うず》の中心部に空間を切り取ったような「穴《あな》」が開き、そこへ吸《す》い込《こ》まれるように消えていったと報告《ほうこく》されています。

●バタフライ型《がた》

２０１５年、アメリカ・オハイオ州の州境《ざかい》で食事をしていた親子が、これまでに見たこともないＵＦＯの目撃《もくげき》・撮影《さつえい》に成功《せいこう》しました。まるで羽根を広げた蝶《ちょう》のような形をしており、ゆっくりとした速度で飛んでいたと言います。

時代と共にＵＦＯの形状も変化していくのか、近年に目撃《もくげき》されるＵＦＯの姿《すがた》は非常《ひじょう》にＳＦチックになっている。人類の科学力が進化するのと同じように、ＵＦＯ側の科学力も進化しているのを見せつけに来ているのか。米軍が独自《どくじ》にＵＦＯを研究し、その成果《せいか》を実験しているのではないかとも推測《すいそく》されている。

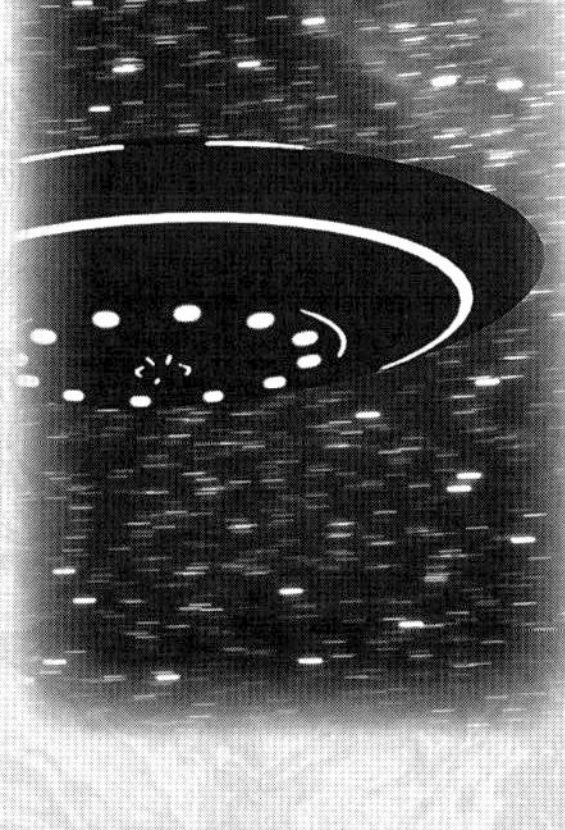

■目撃《もくげき》!?

「どうしたんだよ、木なんてどこにもないぜ」

震《ふる》えていた宮本君も、ちょっと落ち着いてきたらしい。

「本当に？　どこにもない？」

まだ顔色は悪いが、言葉もしっかりしてきた。

「ほんとうだよ。どこにもない。通り過《す》ぎちゃったんじゃないの」

相田君が軽く言うと、宮本君は首をふって小さく呟《つぶや》いた。

「ちがうよ、通り過《す》ぎたんじゃない。木じゃなかったんだ・・・あれは」

デッキのベンチに連れていき、宮本君を座《すわ》らせる。何人かが気がついて心配そうに話しかけてきてくれたけど、気分が悪くなったからだと言ってごまかした。

「いったい、どうしたんだよ？　木じゃなかったって、何？」

相田君が隣《となり》に座《すわ》って顔をのぞき込《こ》むと、宮本君は何度も深呼吸《しんこきゅう》をしてからしゃべりはじめた。

「最初は、何だかわらなかったんだ。木の枝《えだ》が水面に出てると思って・・・でも妙《みょう》に気になって」

そして大きく息《いき》を吸《す》い込《こ》む。

「動いたんだ。風で揺《ゆ》れてるのかな？って思ったけど、ちがったんだ。真っ直ぐ上に向かっ

湖《みずうみ》 ②

て浮《う》きあがってきたんだよ」

その時の様子を思い出したのか、宮本君はブルブルッと体を震《ふる》わせた。

「男が腕《うで》を真っ直ぐ上に向かって伸《の》ばしながら、湖《みずうみ》の中から浮《う》かびあがってきたんだ」

相田君のことをまばたきも忘れて見つめる宮本君の眼《め》は、その話の内容よりも相田君に恐《きょう》怖《ふ》を感じさせるに十分だった。

「だ、大丈夫《だいじょうぶ》だよ。もうどこにもいないんだろ？　遊覧船《ゆうらん》ももうすぐ終わりだし、降《お》りちゃえば平気じゃないか」

相田君にしてみれば、自分が実際に見た訳《わけ》ではないので実感がわかない。それでも宮本君の様子を見れば、この状況《じょうきょう》がまともでないのは理解《りかい》できる。

景色《けしき》を見るのもそっちのけで、相田君は宮本君が落ち着くまでずっと隣《となり》に座《すわ》っていた。

■バンガローの夜

遊覧船《ゆうらん》から降《お》りると、先生に係《かかり》ごとに説明があるので決められた場所へ行くようにと指示があった。保健係《ほけんがかり》の相田君は、バンガローへ戻《もど》って林間学校のしおりをリュックの中から引っ張り出すと、決められていた部屋へと急ぐ。先生の話を聞き、他の班《はん》の係《かかり》の子達と打ち合せを

湖 み ず う み ②

しているうちに、相田君はさっきの宮本君のことを忘れてしまった。

打ち合せが終わると各自のバンガローに戻《もど》って部屋の掃除《そうじ》に、シーツの受け取り。やることは分刻《きざ》みでたくさんあった。それが終わるとホールでレクリエーション。集まった生徒《せいと》の中に宮本君の姿《すがた》もあったが、船に乗っていた時よりも落ち着いたように見えた。

ひとしきり体を動かして、大騒《さわ》ぎをして。スケジュールは滞《とどこお》りなく進んで行き、夕食もその後のキャンプファイヤーも無事に終わり、みんなは隙間《すきま》なく並べた布団《ふとん》の上に転《ころ》がって思い思いに会話を楽しんでいた。

バンガローにエアコンはついていなかったが、湖《みずうみ》から吹《ふ》いてくる風が涼《すず》しく、窓《まど》を開けていれば暑《あつ》さも気にならない。部屋に入ってくる風が気持よくて、相田君はいつにない早起きのせいでウトウトしてしまった。

チャプチャプという湖《みずうみ》の岸に寄《よ》せる波の音が眠気《ねむけ》を誘《さそ》う。

うす暗い霧《きり》の中で、足元に寄《よ》せては返す小さな波。

相田君は自分が夢の中にいることに気がついた。

視界《しかい》は霧《きり》に遮《さえぎ》られ、湖《みずうみ》の奥《おく》まで見通すことはできない。ただ、ぼうっと足元に寄《よ》せては返す波を見ているだけだ。

やがて、その波音に別の音が混《ま》じった。ゆっくりと水の中を進んで行くような音。たっぷりと水分を含《ふく》んだモノが移動《いどう》するような音。パチャン、パチャンという水溜《たま》りの中を歩くような音。それらの音が自分の方へ向かって来ている。相田君はそう思った。夢の中で「これは夢なんだから、何も起るはずがない」と考える自分と「この状況《じょうきょう》はマズイ。早く目を覚《さ》まさなくては！」と焦《あせ》る自分がいる。でも相田君の意志《いし》に反して、体を動かすことはできない。

水音はだんだん大きくなる。白く濁《にご》った霧《きり》が緩《ゆる》く渦巻《うずま》く。湖《みずうみ》の奥《おく》から何かがやってくる。自分の方へ向かっているのは、良くないモノだ。姿《すがた》が見えなくても、それだけはわかる。

逃《に》げなくちゃ！

水音が近づいてくる。霧《きり》の中に何者かの影が揺《ゆ》らめいた。パシャンッ！　と大きく水音が響《ひび》く。動かない体に必死で号令《ごうれい》をかける。足元に寄《よ》せる波が大きくなり、相田君のくるぶしまでを濡《ぬ》らす。死に物狂《ものぐる》いになっている相田君のすぐそばで、黒い影が動いている。このままだと、真正面からその「何か」と顔を合わせてしまう。見えないけど、直感《ちょっかん》でわかる。見ちゃいけない。まだ向こうも自分に気がついてる訳《わけ》じゃない。でも、もしも捕《つか》まってしまったら？　相手に自分のことを知られてしまったら？

ぬうぅっ・・・と白い霧《きり》の中から、目の前に黒い手があらわれた。

湖　み　ず　う　み　②

捕《つか》まってしまう！

相田君はありったけの力を込《こ》めて、動かない体をひねることに成功《せいこう》した。

走れっ！　逃《に》げるんだ！

柔《やわ》らかい砂地で流木などが散乱《さんらん》した湖畔《こはん》は、足を取られて走りにくい。それでも、捕《つか》まる訳《わけ》にはいかない。

息《いき》が苦しい。すぐ後ろに、あの「何か」がいる。追いかけてくる気配《けはい》を感じる。いや確実《かくじつ》に追いかけてくる。きっと自分の後ろで手を伸ばして、捕《つか》まえようとしているにちがいない。

あと20センチ。

あと15センチ。

10センチ、8センチ、4センチ、2センチ・・・。

襟首《えりくび》を後ろからわしづかみにされる恐怖《きょうふ》に、相田君は大声で叫《さけ》んだ。

「うわあああぁぁぁぁぁ!!」

■悪夢《あくむ》は現実に

自分の大声で目が覚《さ》める。薄《うす》い毛布《もうふ》を跳《は》ねのけて、相田君は布団《ふとん》からとび起きた。周《まわ》りで寝《ね》

湖 みずうみ ②

迷宮招待！異世界への入り口 オリジナル作品／湖②

ていたクラスメイト達が、何事かと起き出してくる。だれかが電気を点《つ》けてくれたのだろう、部屋の中が急に明るくなる。途端《とたん》に部屋のあちこちから悲鳴《ひめい》があがった。

「うわっ、何だこれ！」

「どうなってんだよ!?」

悲鳴《ひめい》の理由はすぐにわかった。部屋の中にひどい臭《にお》いが充満《じゅうまん》していたのだ。真夏に何日も外に出しておいた水のニオイ。腐《くさ》った水草や泥《どろ》の混《ま》じった水たまりが、そこらへんにできている。

クラスメイト達が騒《さわ》いでいるのを聞きつけたのか、担任《たんにん》の先生がバンガローに顔を出した。

「おい、何を騒《さわ》いでいる！　何時だと思ってるんだ！」

そして部屋に一歩入るなり、鼻《はな》の上にしわを寄《よ》せて顔をしかめた。

「何の臭《にお》いだ・・・」

先生は、だれかがいたずらしたのかと思ったようだが、室内にいる生徒達の様子を見て、すぐにそれを否定《ひてい》したようだ。何が起こっているのかわからず怯《おび》えている生徒《せいと》達をバンガローから連れ出し、ひとまず管理棟《かんりとう》に部屋を開けてもらうように手配してくれた。

ジャージ姿《すがた》のまま、各自が荷物《にもつ》を持って管理棟《かんりとう》に移動《いどう》する。ため息をつきながら荷物《にもつ》を抱《かか》えあげた相田君は、宮本君の様子がおかしいことに気がついた。相田君が話しかけようとしたが、

湖　みずうみ　②

宮本君は相田君を避《さ》けるようにバンガローを出て行った。

施設《しせつ》の職員《しょくいん》が入れ替《か》わりに室内を掃除《そうじ》するためにやってきた。ほんの一瞬《いっしゅん》、顔をしかめたが驚《おどろ》いているようには見えない。なんだか、これまでにも同じことを経験《けいけん》したみたいに。

■彼は知っていた

案内《あんない》された管理棟《かんりとう》の部屋でそれぞれに布団《ふとん》を敷《し》き、生徒《せいと》達は物も言わずに潜《もぐ》り込《こ》む。相田君も早く眠《ねむ》って嫌《いや》な夢など忘れてしまいたかったが、心臓《しんぞう》がドキドキして眠《ねむ》れそうにもない。宮本君はどうしただろうと見てみると、顔の半ばまで引きあげた毛布《もうふ》の隙間《すきま》から相田君の方をうかがっていた。彼と目が合うと、あわてて頭まで毛布《もうふ》を被《かぶ》り、寝《ね》がえりを打って背中を向けてしまった。

翌日《よくじつ》の朝食の時間。他の班《はん》の子達が相田君達の班《はん》の方をチラチラと見ている。夕べの騒《さわ》ぎを聞きつけた他の生徒から話を聞き、興味津津《きょうみしんしん》といったところなのだろう。しかし、相田君の班《はん》のだれもが昨夜《さくや》の出来事を語ろうとはしなかった。

よくわからない。それがほんとうのところだし、話したいような内容でもない。

◀つづきは126ページへ

第3章
ピラミッド

テオティワカンの
太陽《たいよう》と月《つき》のピラミッド

テオティワカン

南米メキシコシティの北東約50㎞に位置《いち》する巨大《きょだい》遺跡《いせき》・テオティワカン。ここには「人が登ることができる世界最大のピラミッド」があります。紀元前2世紀から6世紀頃《ごろ》まで繁栄《はんえい》したアステカ文明以前に存在《そんざい》したとされるテオティワカン文明の名残です。最盛期《さいせいき》には20万人を超《こ》える人口を抱《かか》え、マヤ文明との交流もあったようです。

遺跡《いせき》のほぼ中央を「死者の大通り」と呼《よ》ばれる南北4㎞におよぶ

通りが走り、その通りに沿《そ》って「太陽のピラミッド」「月のピラミッド」などの建造物《けんぞう》が立ち並びます。

「テオティワカン」とは「神々の座所《ざしょ》」という意味で、7世紀末には文明が衰退《すいたい》していったと考えられ、12世紀頃《ごろ》にアステカ族《ぞく》がこの遺跡《いせき》を発見した時には、すでに廃墟《はいきょ》となっていました。この名前もアステカ族《ぞく》がつけたものです。

太陽のピラミッド

高さ65m、四角錐《すい》の一辺の長さが225m、段《だん》数248段《だん》の頂上《ちょうじょう》は平坦《へいたん》な空間があり、かつてはここに神殿《しんでん》が建っていたのではないかと考えられています。このピラミッドは1年

に2度、太陽が天頂点《てんちょうてん》に到達《とうたつ》した時に、ちょうどピラミッドの頂上《ちょうじょう》に来るように設計《せっけい》されています。また日没時《にちぼつ》にはピラミッドの真正面に太陽が沈《しず》んでいきます。地下には7つの洞穴《どうけつ》が枝状《えだじょう》につながっており、その様子が「人類起源《きげん》の地」とも言われる「チコモストック遺跡《いせき》」によく似《に》ていたことから、テオティワカンの都市を建設《けんせつ》するための立地条件に適《てき》していたと思われたのでしょうか。

月のピラミッド

高さ42ｍ、底辺は150×130ｍ、太陽のピラミッドよりも少し小さくつくられています。「死者の大通り」の北端《ほくたん》、地面の隆起《りゅうき》した場所に建つこのピラミッドは、太陽のピラミッドと同様に頂上《ちょうじょう》に神殿《しんでん》があったものと思われます。宗教儀式《しゅうきょうぎしき》のほとんどは太陽のピラミッドではなく、こちらの月のピラミッドでおこなわれていたのではないかとされています。

また、内部調査《ちょうさ》の結果《けっか》、7回に及《およ》ぶ建設《けんせつ》時期があり、増築《ぞうちく》工事をはじめる際には多くの生《い》け贄《にえ》や副葬《ふくそう》品をいっしょに埋《う》めていることがわかっています。周囲《しゅうい》のピラミッドからは人骨が発見されることはなく、月のピラミッドに集中していることから、宗教儀式《しゅうきょうぎしき》によって生《い》け贄《にえ》にされた高貴《こうき》な人物だったのではないかと考えられ、他にも貝殻《かいがら》やヒスイなどでつくられた装飾《そうしょく》品なども出土しています。

この都は太陽信仰《しんこう》を中心とした宗教《しゅうきょう》国家

だったのではないかと推察《すいさつ》されていますが、文明をだれがつくりあげたのか、何と呼《よ》ばれていた都市だったのか、すべては謎《なぞ》のままなのです。伝説上の存在《そんざい》とされていたテオティワカンを発見したアステカ族《ぞく》は、神々の住んでいた聖地《せいち》として、この場所を非常《ひじょう》に大切にしていたことがうかがえます。

羽毛《うもう》の生《は》えた蛇《へび》・ケツァルコアトル神殿《しんでん》

異世界からやってくる神の存在《そんざい》

古代都市テオティワカンの南端《たん》に建っているケツァルコアトル神殿《しんでん》は、「神殿《しんでん》」というよりも「ピラミッド」と呼《よ》ぶ方がふさわしい姿《すがた》をしています。外壁《がいへき》にはアステカで頻繁《ひんぱん》に登場する「ケツァルコアトル（羽毛《うもう》の生えた蛇《へび》）」と雨と豊穣《ほうじょう》の神「トラロック」が交互《こうご》に彫刻《ちょうこく》されています。

ケツァルコアトルは「異世界からやってくる神」と考えられ、アステカ人にとって重要《じゅうよう》な神でした。異世界からこちらの世界へやってくる際に「王冠《おうかん》シパクトリ（ワニに似《に》た想像《そうぞう》上の動物）」を、王に与《あた》えるために携《たずさ》えてきたと言う神話から、王権《おうけん》の絶対性《ぜったいせい》を示す意味で神殿《しんでん》にモチーフが刻《きざ》まされているのではないかとされています。

ケツァルコアトル神殿《しんでん》の内部や周辺《しゅうへん》からは100体以上の人骨が発見されました。これらの人骨は埋葬《まいそう》されたものではなく、太陽神や信仰《しんこう》していた神々へ、また天災《てんさい》を治《おさ》めるための供物《くもつ》として捧《ささ》げられた「生《い》け贄《にえ》」のものです。この「生け贄《にえ》」に選ばれたのは高位の神官で、命の源である「心臓《しんぞう》」を捧《ささ》げることで、神の活力を取り戻《もど》すことができると信じられていました。

太陽神と生《い》け贄《にえ》

アステカ人にとって「太陽神」の存在《そんざい》は特別なもので、太陽には寿命《じゅみょう》があると考えられ、そのため「日食」という天体現象《げんしょう》は「世界の滅《ほろ》び」につながる恐《おそ》ろしいものでした。神に仕《つか》える位の高い神官、生命力溢《あふ》れる力強い戦士、神を喜ばせるための美しい乙女《おとめ》などが「生《い》け贄《にえ》」に選ばれました。選ばれた「生《い》け贄《にえ》」は生きたまま黒曜石《こくようせき》のナイフで切り裂《さ》かれ、心臓《しんぞう》を取り出されました。この心臓《しんぞう》を太陽に捧《ささ》げ、その「再生」を祈《いの》ったのです。現代の考え方では非常《ひじょう》に残酷《ざんこく》な儀式《ぎしき》ですが、当時、「生《い》け贄《にえ》」に選ばれることはこの上ない名誉《めいよ》であり、儀《ぎ》式《しき》がおこなわれるまで大切に扱《あつか》われました。

ケツァルコアトル神殿《しんでん》に埋葬《まいそう》された死者の魂《たましい》は地の底にある「死者の国」へ行き、太陽と共にピラミッドの頂上《ちょうじょう》から天界に昇《のぼ》ると考えられていました。

人間を神への供物《くもつ》として捧《ささ》げる「生《い》け贄《にえ》」の儀式《ぎしき》は、世界中の古代文明の宗教《しゅうきょう》儀式《ぎしき》に見ることができる。アステカ文明において「生《い》け贄《にえ》の儀《ぎ》」は単なる宗教《しゅうきょう》儀式《ぎしき》ではなく、細かく定められた暦《こよみ》によって管理されていた。神殿《しんでん》＝ピラミッドの上でおこなわれる儀式《ぎしき》によって蘇《よみがえ》る太陽は、国王の権《けん》威《い》をより盤石《ばんじゃく》なものにしたのであろう。

古代祭祀《こだいさいし》の祈祷所《きとうしょ》・尖山《とがりやま》

巨大《きょだい》太陽石

富山県にある立山山麓《さんろく》の尖山（とがりやま）は、太古日本のピラミッドではないかと言われています。発光現象《げんしょう》や磁気異常《じきいじょう》などが報告《ほうこく》され、ミステリー・スポットとして有名になっています。

地元では「トガリ山」と呼《よ》ばれるこの山は、きれいな円錐《えんすい》形をした標高《ひょうこう》559・4m、登山道入り口から頂上《ちょうじょう》まで307m程《ほど》という小さな山で、日本で最も有名なピラミッドだと考えられています。

山頂《さんちょう》には大きな岩のかけらが散《さん》

在《ざい》しています。これらの岩はストーンサークル状に並んでいますが、もともとは日の出の位置を確認《かくにん》して季節の移り変わりを調べるための、巨大《きょだい》な「太陽石」だったのではないかと言われています。それが落雷などの影響《えいきょう》で割《わ》れ、崩壊《ほうかい》した後でサークル状に並べ直されたのではないかとされています。自然に形成された山とちがい、尖山《とがり》のような整った形状の構造物《こうぞう》には落雷が発生しやすく、山頂《さんちょう》付近で方位磁石《じしゃく》が狂《くる》うなどの磁気異常《じきいじょう》もそれらのことが関係しているようです。このストーンサークルの下からは、古代の宗教祭祀《しゅうきょうさいし》に使われたと思われる青銅製《せいどうせい》の鏡が出土していま す。太陽の方角を知るための「太陽石」や、割《わ》れた岩をサークル状にわざわざ並べ直す手間などから考えても、尖山《とがり》がはるか昔、信仰《しんこう》の対象《たいしょう》であったことをうかがわせます。

UFOの基地《きち》なのか？

尖山《とがり》では以前から謎《なぞ》の発光体の目撃《もくげき》があることから「UFOの基地《きち》があるのではないか」という噂《うわさ》もありました。また北側斜面《しゃめん》には数10mにわたって人の手が入ったと思われる石組みの跡《あと》が発見されています。自然にこのような形の山が形成されたとは考えにくく、やはり人工的につくられたピラミッドなのではないかと考える研究者も多いようです。

尖山《とがり》から北西方向には呉羽山《くれは》(御皇城山《おみじん》)、南西方向にある岐阜県の位山《くらい》、東方向にある長野県の皆神山《みなかみ》があり、一説には尖山《とがり》の山頂《さんちょう》で方位磁石《じしゃく》が指し示すのはこの3方角であり、それぞれのピラミッドから発せられる磁気《じき》に反応《はんのう》しているとされています。

「ピラミッドの理想《りそう》的な姿《すがた》は76度50分の非常《ひじょう》に鋭角《えいかく》的な勾配《こうばい》を持っている」と言われます。このピラミッドの理想《りそう》的な姿《すがた》にいちばん近いものが尖山《とがり》だとされ、平均斜度《しゃど》63度という急勾配《こうばい》の山でありながら整《とと》った姿《すがた》を長年保ち続けていることからも、古代人たちがつくりあげた人口の山であると考えられるのです。

この尖山《とがり》の山裾《やますそ》のどこかには洞穴《どうけつ》があると伝えられています。そこには怪《あや》しげな霧《きり》が立ち込《こ》めており、中に入ると病気《びょうき》になってしまうという言い伝えが古くから語り継がれています。しかし、今ではこの洞穴《どうけつ》の場所を知る人はだれもいません。

この山に伝わる神話から「布倉山《ぬのくら》」とも呼《よ》ばれていた。夫婦神による壮絶《そうぜつ》な夫婦ケンカの神話で、尖山《とがり》の神である「布倉姫《ぬのくらひめ》」は自身の姉神に加勢《かせい》し、義理《ぎり》の兄にあたる「石動毘古(いするぎひこ)」との戦いの最中に鉄を投げつけたと言う。このことから付近《ふきん》一帯には鉄器文化があったのではないかと推察《すいさつ》される。

日球王国《ひだまおうこく》の遺構《いこう》か？
位山《くらいやま》・高屋山《たかやさん》

神話と伝説 そして人工物

岐阜県の飛騨《ひだ》高地の中央に位《ち》置《ち》する標高《ひょうこう》1529mの山です。飛騨《ひだ》北部の南部の境《さかい》にあり、飛騨《ひだ》一宮水無神社のご神体でもあります。

位《くらい》山の名前の由来《ゆらい》については、貴人《きじん》の持つ「笏《しゃく》」の原料として位山の木を朝廷《ちょうてい》に献上《けんじょう》した際に、この木に対して一位の官位《かんい》を賜《たまわ》りました。これによって樹名《じゅめい》を「イチイ」、山を「位《くらい》山」と呼《よ》ぶようになったという説があり、今でも天皇即位《てんのうそくい》に際しては位《くらい》山のイチイの木が献上《けんじょう》されます。古来より「霊山《れいざん》」として崇《あが》められてきた位《くらい》山に生える木を使うことによって、笏《しゃく》にも霊力《れいりょく》が宿《やど》ると考えられ重用されたのではないでしょうか。

伝説の地でもあり、日本神話で語られている「天孫降臨《てんそんこうりん》」の地でもあると伝えられています。天孫降臨《てんそんこうりん》は九州南部の霧島連峰《れんぽう》にある高《たか》千穂峰《ちほのみね》と、宮崎県高千穂町に伝承《でんしょう》がありますが、これ以外にも天界から神々が降臨《こうりん》したと伝えられる場所があり、位《くらい》山もその中のひとつです。また仁徳天皇《にんとくてんのう》の時代にこの地を拠点《きょてん》にしていたという鬼神《きしん》「両面宿儺（りょうめんすくな）」の伝説も残っています。位《くらい》山の山頂《さんちょう》近くには「天の岩戸」と伝えられる場所もあり、荘厳《そうごん》な雰囲気《ふんいき》の漂《ただよ》う山です。

山頂《さんちょう》には強いエネルギー反応《はんのう》も

位《くらい》山も富山の尖《とがり》山同様に自然の山に人間が手を入れて加工したピラミッドであるとされています。明らかに人工物と思われる巨石《きょせき》群が中腹から山頂《さんちょう》にかけて広がり、古くから人々が聖地《せいち》として大切にしていたことがうかがえます。また、山頂《さんちょう》には非常《ひじょう》に強いエネルギーが集まることで有名です。この位《くらい》山から車で5時間ほど離《はな》れた場所にある「高屋《たかや》山」があります。こちらもきれいな三角形の稜線《りょうせん》を持つ山です。離《はな》れた場所から高屋《たかや》山を望《のぞ》むと、非常《ひじょう》にきれいなピラミッド形をしているのがわかります。山の中腹には文字のように見える溝《みぞ》の掘《ほ》られた「神代文字の岩」や、頂上《ちょうじょう》には

「太陽石」と呼《よ》ばれる岩があります。こちらの高屋山の「太陽石」は、日の出の位置を確認《かくにん》するというよりも、昇《のぼ》ってきた太陽の光を反射《はんしゃ》させるための「鏡」のような役割《やくわり》があったのではないかと思われます。

日球《ひだま》王国とは

「飛騨《ひだ》」という土地は古くから「太陽信仰《しんこう》」が盛《さか》んな場所で、そもそも「日球(ひだま)」が変化して「飛騨《ひだ》」になったと言われています。ここには太陽神を頂点《ちょうてん》とする「日球《ひだま》王国」が存在《そんざい》しており、巨大《きょだい》な力を持って一帯の土地を統治《とうち》していたと考えられています。そこに住んでいた人々が、より強く太陽の力を得るために、ピラミッドをつくったのでしょうか。

朝廷《ちょうてい》に献上《けんじょう》される「イチイ」の木と位《くらい》山。伝説によれば神武天皇《じんむてんのう》がこの地を訪《おとず》れた時に、天から両面宿儺《りょうめんすくな》があらわれて天皇《てんのう》の位を授《さず》け、その証《あかし》となる「笏《しゃく》」を与《あた》えたとも言われています。

古代《こだい》の宇宙基地《うちゅうきち》か？
皆神山《みなかみやま》

日本にもあったピラミッド

皆《みな》神《かみ》山は30～35万年前の安山岩質の溶岩《ようがん》ドームです。標《ひょう》高《こう》は659m、非常《ひじょう》に粘度《ねんど》の高い溶岩《ようがん》で形成されています。円形に膨《ふく》らみ、中央部分が陥没《かんぼつ》しているように見える奇妙《きみょう》な形のこの山は、その特殊《とくしゅ》な形状から古代日本のピラミッドではないかと目されています。

「皆神山《みなかみ》ピラミッド説」を唱《とな》える人々によれば、この山の奇妙《きみょう》な形はピラミッドをつくりあげるために土石を積《つ》みあげる際、その重さに耐《た》え切れず中央部分が沈《しず》み込《こ》んでしまったのだと言います。

皆上《みなかみ》神社の参拝《さんぱい》者用駐車場《ちゅうしゃじょう》に設置《せっち》された案《あん》内《ない》板によると【皆神《みなかみ》山の造山方法はエジプトのピラミッドように人の労力《ろうりょく》ではなく、初歩的な重力制御技法《じゅうりょくせいぎょぎほう》（部分的干渉波動《かんしょうはどう》の抑圧《よくあつ》）により、当時、長野盆地《ぼんち》が遊水湖沼《ゆうすいこしょう》（最後のウルム氷河期の終末期で東・南信の氷解《ひょうかい》水による）となっており、その岸のゴロタ石等堆積土砂《たいせきどしゃ》石を浮揚《ふよう》させ空間移動《いどう》させるといったダイナミックな方法でした。（したがって現在も皆《みな》神《かみ》山山塊《さんかい》だけが非常《ひじょう》に軽く負の重力異常塊《いじょうかい》となっています）】と説明されています。

重力制御技術《じゅうりょくせいぎょぎじゅつ》!!

皆神《みなかみ》山のピラミッドは、人間の手で石を積《つ》み上げてつくったものではなく、何らかの「重《じゅう》力制御技術《りょくせいぎょぎじゅつ》」によって石や岩を空中に浮《う》かせ移動《いどう》させる、という方法でつくりあげられたものであり、その影響《えいきょう》で皆神《みなかみ》山では重力が軽くなるなどの異常現象《いじょうげんしょう》が確認《かくにん》されています。

皆神《みなかみ》山ピラミッドがつくられたのは人類文明が誕生《たんじょう》する以前、2～3万年前の超《ちょう》太古・旧《きゅう》石器時代にまで遡《さかのぼ》ると言われています。権《けん》力《りょく》者の墳墓《ふんぼ》としてではなく、地球上のあらゆる場所や宇宙空間への航行基地《こうこうきち》を目的としてつくられたとされ、つくったのは日本神話の

中に登場する「須佐之男命《すさのおのみこと》」であると伝えられます。ここで言われる「須佐之男命《すさのおのみこと》」は「神名」ではなく、地球上に存在《そんざい》する現代科学とは似《に》ても似《に》つかない、自然の力を取り入れた「超《ちょう》科学」を駆使《くし》する人々のことを指しているのだと言われています。同様に皆神《みなかみ》山に祀られる祭神《さいしん》は、わたし達が考える神話の中の「神様」ではなく、高度な技術《ぎじゅつ》と知能《ちのう》を持った集団《しゅうだん》であり、それぞれが「宇宙飛行」や「宇宙基地《きち》」に関係する存在《そんざい》です。彼らは須佐之男《すさのお》命《のみこと》から航空基地《こうくうきち》としての管理《かんり》・運行を引き継いでいたのです。皆神《みなかみ》山の周辺《しゅうへん》に存在《そんざい》する神社には、この「科学技術《ぎじゅつ》者の集団《しゅうだん》」を神格《しんかく》化し祀《まつ》っているとされ、今日まで信仰《しんこう》の対象《たいしょう》となっているのです。

太平洋戦争末期、皆神山《みなかみ》に「三種《さんしゅ》の神器《じんぎ》」といっしょに天皇《てんのう》の御座所《ござしょ》を移そうという計画があったと言われます。有名な都市伝説の中にも「中央線は地下で皇居《こうきょ》とつながっており、そのまま長野県の皆神山《みなかみ》まで線路を伸ばそうとする計画があった」という話を見つけ出すことができます。実際に戦況《せんきょう》の思わしくなかった太平洋戦争末期には、この地へ政府中《ちゅう》枢《すう》機《き》能《のう》移《い》転《てん》の計画もあり、山中には地下坑道《こうどう》の痕跡《こんせき》も見ることができます。

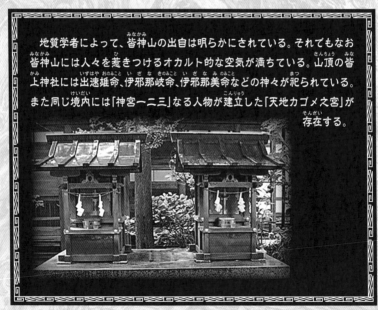

地質学者によって、皆神山《みなかみ》の出自は明らかにされている。それでもなお皆神山《みなかみ》には人々を惹《ひ》きつけるオカルト的な空気が満ちている。山頂《さんちょう》の皆《みな》上《かみ》神社には出速雄命《いずはやおのみこと》、伊邪那岐命《いざなきのみこと》、伊邪那美命《いざなみのみこと》などの神々が祀《まつ》られている。また同じ境内《けいだい》には「神宮一二三」なる人物が建立《こんりゅう》した「天地カゴメ之宮」が存在《そんざい》する。

日本《にほん》ピラミッドの父《ちち》・酒井勝軍《さかいかつとき》

日本のピラミッド

日本ピラミッド研究の第一人者である酒井勝軍（さかいかつとき）は、明治6年に山形県で士族《しぞく》の家に生まれました。敬虔《けいけん》なクリスチャンであり、非常《ひじょう》に頭のいい青年でもあった酒井は明治31年にはアメリカへ留学《りゅうがく》。日本に帰国してからは伝道師として活動し、人々の信頼《しんらい》を得ていきます。

語学が堪能《たんのう》だった酒井は、明治38年に日露戦争に従軍《じゅうぐん》。観戦外国《かんせんがいこく》武官接待係《ぶかんせったいがかり》の役職に就《つ》きます。クリスチャンであり反戦平和主義でもあった酒井は、実戦を目にしていくことで次第にキリスト教の教義《きょうぎ》に対して疑問《ぎもん》を持つようになっていくのです。

酒井は自身の学んだキリスト教の教義《きょうぎ》から離《はな》れ、よりオカルト的な方向へと進んでいきました。

昭和2年、研究のために中東地域に派遣《はけん》され、ここでピラミッドの謎《なぞ》に触《ふ》れ、その研究に着手することになります。

昭和4年3月、北茨城県磯原町にある皇祖《こうそ》皇太神宮《こうたいじんぐう》に伝わる古文書「竹内文書」を目にする機会を得ます。その後、酒井は「日本にもピラミッドがある」と調査《ちょうさ》を開始します。

葦嶽《あしたけ》山の調査《ちょうさ》

「不思議《ふしぎ》な形状の山がある」との話を聞きつけ、彼が広島県庄原市へやってきたのは昭和9年4月の事でした。同行した堀準衛一らと共に葦嶽《あしたけ》山を調査《ちょうさ》し、この山を「日本ピラミッドの第1号」と発表。

酒井の言う「日本のピラミッド」とは、地面に直接石を積《つ》み上げてつくる「人工的」なものではなく、石垣《いしがき》を組み込《こ》んだり、斜面《しゃめん》を整《ととの》えたりしながらつくりあげたもので、長い時間をかけて風化・緑化していき、自然の山のようになっていったと言います。彼がどこでこのような定義にたどり着いたのか、さまざまな文献《ぶんけん》・資料を辿《さかのぼ》っても謎《なぞ》のままなのです。

日本《にほん》ピラミッド第《だい》1号《ごう》・葦嶽山《あしたけやま》

葦嶽《あしたけ》山

広島県庄原市東部に位置する標高815mの山で、中腹から山頂《さんちょう》付近にかけて人工的につくりあげられたような岩が散見《さんけん》されることから、「日本のピラミッド」として知られています。どの方角から見てもきれいな三角形をしており、以前は「神武天皇陵《じんむてんのうりょう》」として伝えられていましたが、昭和9年に酒井勝軍によってピラミッドと位置《いち》づけられました。

酒井勝軍が葦嶽《あしたけ》山頂上《ちょうじょう》から掘《ほ》り出した直径《ちょっけい》2mの岩は日の出の方

角を知るための「太陽石」であり、このことから「葦嶽《あしたけ》山は2万3千年前につくられた世界最古のピラミッドである」と発表しました。これにより葦嶽《あしたけ》山は酒井が発見した「日本ピラミッド第1号」となったのです。

酒井がこの葦嶽《あしたけ》山をピラミッドだと断定《だんてい》した理由の1つに「竹内文献《ぶんけん》（竹内文書）」があります。「磯原《いそはら》文書」「天津教《てんしんきょう》文書」とも言われ、神代《じんだい》文字で書き記された古文書です。富山の御皇城山（おみじんやま）に残されていた「皇祖皇太神宮《こうそこうたいじんぐう》」に伝わっていました。今から1550年前（紀元5世紀）の第25代武烈天皇《ぶれつてんのう》に仕えた大臣・武内宿禰（たけうちのすくね）の孫《まご》にあたる、平群真鳥（へぐのまとり）という人物が漢字とカタカナ交じりで翻訳《ほんやく》したとされる写本（竹内文書）と、古文書といっしょに保管されていた「御神宝《ごしんぽう》」と呼《よ》ばれる不思議《ふしぎ》な機器類《ききるい》を指して「竹内文献《ぶんけん》」と称《しょう》します。

これによれば、葦嶽《あしたけ》山に残る数々の遺構《いこう》は「日来神宮（ヒラミット）」と呼《よ》ばれるもので、神武天皇《じんむてんのう》以前に存在《そんざい》したとされる「ウガヤフキアエズ朝」のヤヒロドノ造天皇《てんのう》がつくったものだとされています。この「ヤヒロドノ」とは古事記の文中に登場する「八尋殿《やひろどの》」のことで、すなわちこれが「ピラミッド」です。

葦嶽《あしたけ》山には尾根続きの「鬼叫山（ききょうざん／おだけやま）」があり、こちらは葦嶽《あしたけ》山の山頂《さんちょう》にある蘇羅彦《そらひこ》神社（祭神・彦火火出見命《ひこほほでみのみこと》）の拝殿《はいでん》であったのではないかとされています。山全体が信仰《しんこう》の対象《たいしょう》であった場合、人が入ることを禁止《きんし》している「禁足地《きんそくち》」であったり、女性が登ることを禁止《きんし》する「女人禁制《にょにんきんせい》」であったりと、直接に社へ参拝《さんぱい》できないことが多く、そんな時には近くの山から目的の山を拝《おが》むのですが、そういった山を「拝殿《はいでん》」と呼《よ》ぶことがあります。ここでは「ドルメン」と呼《よ》ばれる供物《くもつ》を捧《ささ》げる際に使われた巨石《きょせき》や、「ヒンメル」と呼《よ》ばれる天地を結ぶ柱石《ちゅうせき》、陽光《ようこう》を集めて反射《はんしゃ》させるための「鏡岩」、割《わ》れ目が冬至《とうじ》線を指している「方《ほう》位《い》岩」、冬至《とうじ》の日没点《にちぼつてん》を指している「獅子《しし》岩」などを見ることができます。

葦嶽山《あしたけ》の頂上《ちょうじょう》には「複葉内宮式《ふくようないくうしき》」と呼《よ》ばれる形のストーンサークルが存在《そんざい》していました。16個《こ》の石を環状《かんじょう》に、その内側にさらに16個《こ》の石を四角く並べ、中央に「太陽石」を配置《はいち》した姿《すがた》のものだったようですが、残念《ざんねん》ながら戦時中に破壊《はかい》されてしまったそうです。

林間学校の全行程《こうてい》が終了《しゅうりょう》し、帰りのバスに乗り込《こ》んでからもそれは変わらなかった。班《はん》のだれもが暗黙《あんもく》の了解《りょうかい》で口にしなかったし、先生も何も言わなかった。

でももしかしたら、先生達は施設《しせつ》の職員《しょくいん》から事情《じじょう》を聞いたのかもしれない。相田君はそう思っていた。バンガローに掃除《そうじ》に来た職員《しょくいん》の、あの表情が物語っている。あれは事情《じじょう》を知っている顔だ。きっとこれまでにも、同じような出来事があったにちがいない。

そっと斜《なな》め後ろに座《すわ》っている宮本君の様子をうかがってみる。宮本君は窓際《まどぎわ》の席で頬杖《ほおづえ》をつき、外を流れる景色《けしき》を眺《なが》めていた。視線を感じたのか、ふっと視線を相田君の方へ向け、慌《あわ》ててうつむく。彼のそんな態度《たいど》に気を悪くした相田君は、意識《いしき》して宮本君の方を見ようとはせず、学校へたどり着くまで一言も話かけなかった。

■告白《こくはく》

そしてその気まずい関係のまま、林間学校が終わって2週間。7月も終わり、8月になってから気温がグングンと上り、その日もとんでもなく暑《あつ》い日だった。

朝、目が覚《さ》めた時からじっとりと汗《あせ》ばむ陽気《ようき》に、相田君は何もする気にならずダラダラとテレビを観《み》ていた。ふいにインターフォンの甲高《かんだか》い音が響《ひび》いた。玄関《げんかん》で来客を迎《むか》えたお母さんが、

迷宮招待！異世界への入り口 オリジナル作品／湖③

湖 み ず う み ③

リビングのソファに転《ころ》がっている相田君に声をかける。

「宮本君が来てるわよ。」

ドアを開けると、真夏の強い日差しの中に宮本君が立っていた。

「今、ちょっといい？」

なんだか思いつめたような表情の宮本君に押《お》し切られるように、相田君は家の中のお母さんに「ちょっと出てくる！」と告《つ》げてから家を出た。

二人で連れだって歩きながら、特に何を話すでもない。途中《とちゅう》の自販機《じはんき》で缶《かん》ジュースを買い、近所の公園で、二人はだれもいないブランコに腰《こし》かけた。しばらく無言でジュースを飲みながら公園を眺《なが》める。

「俺《おれ》さ・・・」

ようやく宮本君が口を開いた。

ジュースに口をつけたまま、相田君は宮本君を見る。

「今度、引っ越《こ》すんだ」

思ってても見なかった彼の言葉に、相田君は飲んでいたジュースを吹《ふ》き出しそうになった。

「・・・いつ？」

「明日・・・」

「そっか」

お父さんの仕事の都合《つごう》で、だいぶ前から引っ越《こ》すことは決まっていたらしい。

宮本君はジュースを飲み干《ほ》すと、ちょっと淋《さび》しそうにため息をついた。

「それでさ・・・」

ジュースの最後の一滴《てき》を喉《のど》に流し込《こ》んだ相田君は、隣《となり》のブランコに腰《こし》かけた友達の声が急に真剣《しんけん》になったのを感じる。

「林間学校でのことなんだけど」

やっぱり、それか。宮本君がわざわざ自分の家を訪《たず》ねてきて話をすると言ったら、それしかない。

「あの夜、相田、すごくうなされてたんだ」

そりゃそうだろう。忘れかけてた嫌《いや》な夢が脳《のう》内に再生《さいせい》される。

「ああ、ものすごく変な夢を見たんだ」

「あの時・・・」

宮本君は揺《ゆ》らしていたブランコを止めた。キィッ、という金属《きんぞく》のこすれる音が甲高《かんだか》く聞こえる。

湖 みずうみ ③

「あの時、いたんだよ。部屋の中にずぶ濡《ぬ》れの男が・・・」

相田君の顔を見つめて、宮本君が囁《つぶや》くように言った。

「ずぶ濡《ぬ》れの男？」

「そう、俺《おれ》が湖《みずうみ》で見た男」

その言葉を聞いて思い出した。湖《みずうみ》の遊覧《ゆうらん》船の上で、宮本君が見たと言っていた「あの」男か？

「そいつは・・・何をしてたんだよ？」

無意識《むいしき》に声を潜《ひそ》めてしまう。

「俺《おれ》、何となく眠《ねむ》れなくて。そしたら相田がうなされはじめて。そしたら、部屋の中に入って来たんだ。全身ずぶ濡《ぬ》れで、あちこちから水がポタポタ落ちてた」

口の中が苦《にが》い。カラカラに乾《かわ》いている。さっき、ジュースを飲んだばかりなのに。かなり無理をして唾《つば》を飲み込《こ》んだ。

「一人ひとりの枕元《まくらもと》に立って、そこに寝《ね》ているのがだれなのかを確認《かくにん》するみたいにして。それで相田のところまで行って、じっとお前の顔を見てたんだ。俺《おれ》、怖《こわ》くて・・・」

■男が探《さが》していたもの

宮本君の話を聞いて、相田君は想像《そうぞう》してみた。

みんなが寝静《ねしず》まったバンガローに入ってくる、ずぶ濡《ぬ》れの男。そいつは、枕元《まくらもと》に立って寝《ね》ている人間の顔をじっと見ている。宮本君じゃなくったって、怖《こわ》くなってあたりまえだ。

「そんなの、俺《おれ》だって怖《こわ》いよ」

「そうじゃないんだ。あいつが探《さが》してたのは、きっと俺《おれ》なんだ。船の上であの男を見たから。だから俺《おれ》を探《さが》しに来たんだと、すぐにわかった。見つかったら何をされるかと思ったら、怖《こわ》くて仕方《しかた》がなかった」

見つかる訳《わけ》には行かない。それでも、そいつが相田君に何かをするんじゃないかと思って気が気じゃなかった。

眠《ねむ》ったふりをして毛布《もうふ》を頭の上まで引きあげながら、そっと隙間《すきま》から覗《のぞ》いていたと言うのだ。やがて相田君が大声をあげてとび起きると、そいつは酷《ひど》い臭《にお》いのする水たまりを残して消えてしまった。

「それで、様子がおかしかったのか。俺《おれ》がその男について話をすると思ったんだな?」

宮本君は黙《だま》って頷《うなず》いた。

迷宮招待！異世界への入り口 オリジナル作品／湖 ③

湖 み ず う み ③

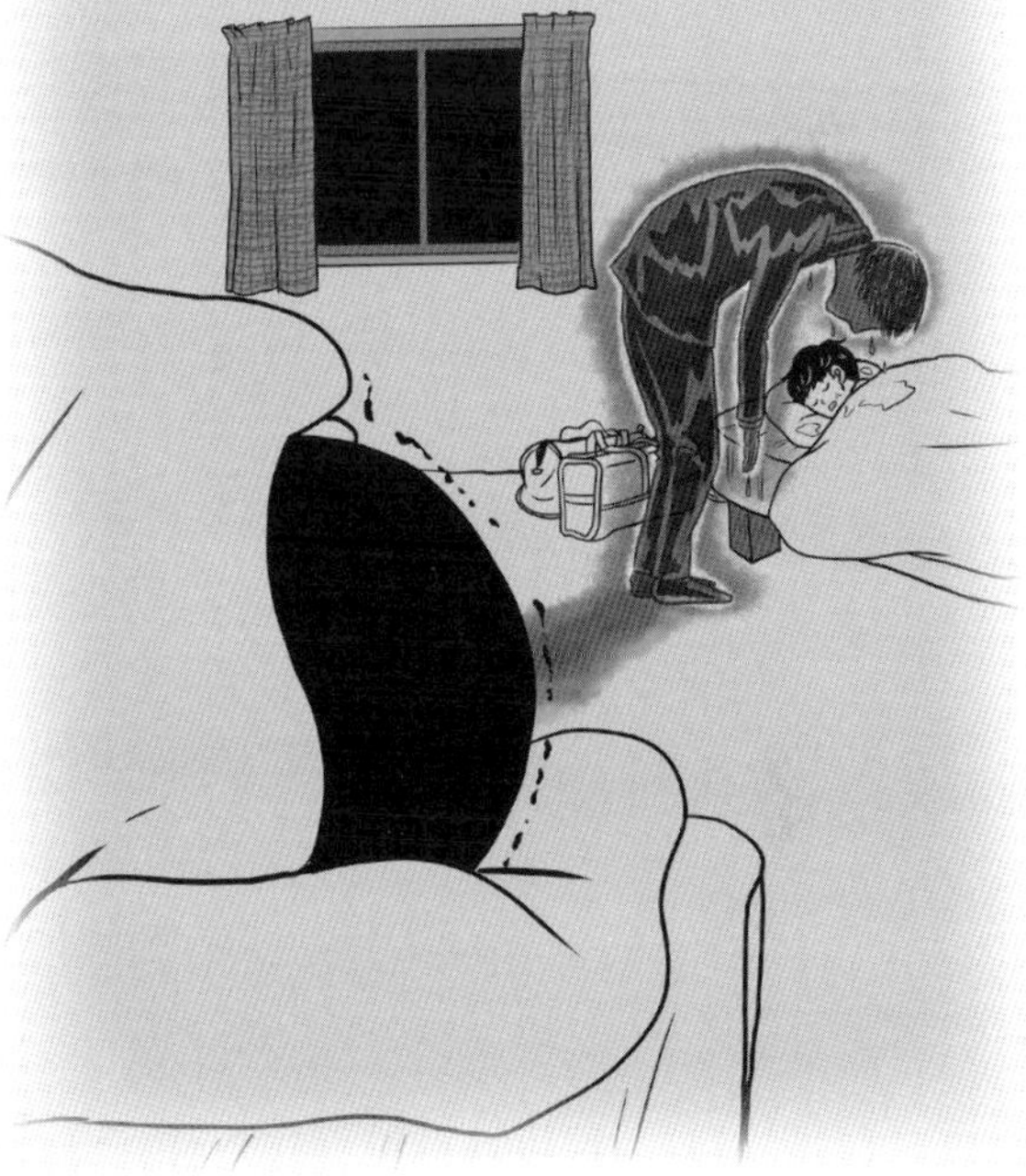

「なるほどね・・・」

たしかに宮本君とそのことについては話をしようと思っていた。

「怖《こわ》かったんだ。男のこともそうだけど、相田に何を言われるかと思って。身代りにしたと思われるんじゃないかと思って、怖《こわ》かったんだ」

相田君は黙《だま》って考え込《こ》んだ。自分が同じ立場だったら、どうしただろう？　やっぱり宮本君と同じように、黙《だま》って隠《かく》れていたんじゃないだろうか？

「仕方《しかた》ないよ。俺《おれ》だって、怖《こわ》いもん」

相田君の言葉に、彼は大きく息《いき》を吐《は》き出した。

「話せて、よかったよ。ずっと気になっていたんだ。引っ越《こ》す前に、どうしても話をしたくて」

胸《むね》の中にしまっていたモヤモヤを口に出したことで、少しだけ表情が明るくなった宮本君。お互《たが》いに連絡《れんらく》を取り合うことを約束《やくそく》して公園の前で別れた。

蒸《む》し暑《あつ》さが増してきた日差しの中、相田君は家への道を歩き出した。

あの夜のことが脳内《のうない》に再生《さいせい》される。夜中に部屋の中にあらわれ、そして消えて行った男は何をしたかったんだろう？

迷宮招待！異世界への入り口 オリジナル作品／湖③

湖 みずうみ ③

もしもあの時、宮本君を見つけていたらどうするつもりだったのか。そこまで考えた時、相田君の鼻先《はな》にあの強烈《きょうれつ》な臭《にお》いが蘇《よみがえ》った。

濁《にご》った水と腐《くさ》った水草の混《ま》じった、あのバンガローの部屋の中に充満《じゅうまん》していた臭《にお》い。

慌《あわ》てて相田君はふり返る。ちょうど別れたばかりの宮本君が角を曲って行くところだった。

その背中にうなだれた男の姿《すがた》を見たと思ったのは、相田君の気のせいか？

相田君は声をかけることもできずに、ただ夕暮《ぐ》れの近づいてくる道の真ん中に立って見ていることしかできなかった。

もしかして・・・。あの男は湖《みずうみ》で自分の姿《すがた》を見た相手を探《さが》していたのではないだろうか？

あの時、宮本君が見た光景を相田君も見ていたら？　男は宮本君でなく、相田君につきまとったかもしれない。でも相田君は湖《みずうみ》から浮《う》かびあがってくる男の姿《すがた》を見ていなかった。そして宮本君は、ずっと胸《むね》の中にしまっておいたあの日のことを話してしまった。湖で男を見たことを、認《みと》めてしまったのだ。

それはつまり、あの男に見つかってしまったことにほかならないのかもしれない。

『あれから宮本君と連絡《れんらく》が取れないんです』そう言って、相田君は表情を曇《くも》らせた。

了

アンドロメダ銀《ぎん》河《が》の接《せっ》近《きん》と衝《しょう》突《とつ》

地球から約250万光年の距離《きょり》にあるアンドロメダ銀《ぎん》河《が》を知っていますか？

星がよく見えるところであれば、肉眼《にくがん》でもこの銀《ぎん》河《が》の光を見ることができます。

米航空宇宙局（NASA）は2015年5月31日ハッブル宇宙望遠鏡《ぼうえんきょう》を用いてアンドロメダ銀《ぎん》河《が》の特定の領域《りょういき》を5年～7年にわたって緻密《ちみつ》に観測《かんそく》・分析《ぶんせき》した結《けっ》果《か》、40億《おく》年後に「アンドロメダ銀《ぎん》河《が》」が、地球のある「天の川銀《ぎん》河《が》」と衝突《しょうとつ》・合体するとの「確証《かくしょう》が得られた」と発表しました。

アンドロメダ銀《ぎん》河《が》は、地球のある銀《ぎん》河《が》系（天の川銀《ぎん》河《が》）へ向って、時速40万2000キロで接近《せっきん》中だと言うのです。時速40万2000kmとは1時間で地球から月まで行ける速度になります。

銀《ぎん》河《が》どうしの衝突《しょうとつ》とはどのようなものなのでしょうか。

○銀《ぎん》河《が》の衝《しょう》突《とつ》

衝突《しょうとつ》による影響《えいきょう》は、衝突《しょうとつ》する銀《ぎん》河《が》の質量《しつりょう》や速度、角度によって異《こと》なります。楕円《だえん》状の大きな銀《ぎん》河《が》になったり、帯状の形になったりとさまざまです。また、銀《ぎん》河《が》の衝突《しょうとつ》により新しく星が誕生《たんじょう》することがあります。2つの銀《ぎん》河《が》が衝突《しょうとつ》や接近《せっきん》することでの銀《ぎん》河《が》の中のガスが集まり、密度《みつど》や質《しつ》量《りょう》が濃《こ》くなっていきます。その急激《きゅうげき》な圧縮《あっしゅく》からたくさんの星がつくられていきます。これがスターバースト（爆発《ばくはつ》的星形成)です。スターバーストは、数万年~数百万年の間に太陽の質量《しつりょう》をはるかに超《こ》えた多数の星を誕生《たんじょう》させることになります。そのため衝突《しょうとつ》中の銀河《ぎんが》は、明るく青く輝《かがや》きを放《はな》つ銀河《ぎんが》として観測《かんそく》することができます。

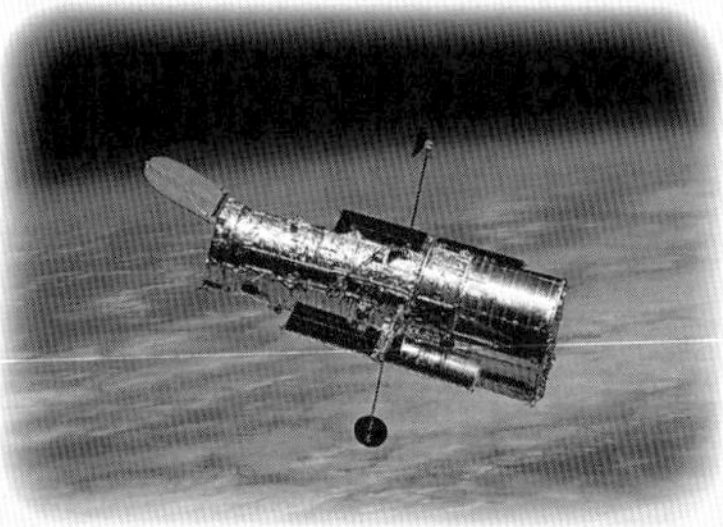

○地球との距離《きょり》

では、天の川銀河《ぎんが》に接近《せっきん》しつつあるアンドロメダ銀河《ぎんが》は、地球からどのくらいの距離《きょり》にあるのでしょう。

アンドロメダ銀河《ぎんが》の大きさは、直径《ちょっけい》22~26万光年で、およそ1兆個《ちょうこ》の恒星《こうせい》から成る渦巻銀河《うずまきぎんが》です。直径《ちょっけい》8~10万光年である銀河《ぎんが》系(天の川銀河《ぎんが》)よりも大きな銀河《ぎんが》です。アンドロメダ座の方向にあるため「アンドロメダ大星雲《せいうん》」(星雲星団《せいうんせいだん》の番号で「Ｍ31」)と呼《よ》ばれることもあります。そして地球からは約２５０万光年(光の速度で２５０万年)の距離《きょり》に位置《いち》します。

衝突《しょうとつ》がはじまってから、２つの銀河《ぎんが》が互《たが》いの重力で引かれ合い完全に合体するまでは20億年の歳月《さいげつ》を要《よう》し、最終的には楕円銀河《だえんぎんが》の１つとなります。それぞれの銀河《ぎんが》にある星どうしは、距離《きょり》が離《はな》れているため衝突《しょうとつ》する可能性《かのうせい》は低いのですが、これまでと異《こと》なる新しく生まれた銀河《ぎんが》の中心を周回《しゅうかい》する軌道《きどう》に投げ込《こ》まれるだろうとＮＡＳＡは予測《よそく》しています。

参考:２０１２／６／２(日本経済新聞)
ＮＡＳＡ「銀河系、アンドロメダ銀河と40億年後衝突」
【ワシントン=共同】

第4章

巨石遺構《きょせきいこう》

巨石遺構《きょせきいこう》・ストーンヘンジ

巨大石柱《きょだいせきちゅう》の謎《なぞ》

緑の丘にそびえ立つ巨大《きょだい》な石柱《せきちゅう》でつくられた円形の建築《けんちく》物。イングランド南部のソールズベリーに存在《そんざい》するストーンヘンジ。並んでいる石柱《せきちゅう》はどれも高さ４ｍを越《こ》える巨石《きょせき》で構成《こうせい》されています。

この石柱《せきちゅう》を調べると約４０００年前のものだと思われる削《けず》り跡《あと》が残され、人の手で加工されたことがわかります。ストーンヘンジは一気につくりあげられたものではなく、３回に分けて工事をおこない、およそ１０００年という長大な時間をかけて建築《けんちく》されたと考えら

れています。使われた巨石《きょせき》は南西部の山脈《さんみゃく》から切り出されたものであるとされていて、約３９０㎞の距《きょ》離《り》をソリといかだを使ってこの場所へ運ばれました。石の大きさ、重さ、運ぶための手段《しゅだん》、距離《きょり》を考えるとたいへんな労力《ろうりょく》であったことが想像《そうぞう》できます。

信仰《しんこう》の遺産《いさん》なのか

ストーンヘンジはこれまでドルイド教団《きょうだん》の信仰《しんこう》のための儀式《ぎしき》場だと考えられていて、このことから古代ケルト人がつくったものだと思われていました。ですが調査《ちょうさ》をしていくうちにケルト系民族《みんぞく》でも、その後にヨーロッパへ移《うつ》り住んだと言われるゲルマン系民族《みんぞく》でもないということがわかってきました。ヨーロッパの各地には巨大《きょだい》な石でつくられた遺跡《いせき》が多く残されています。紀元前２５００年～紀元前２０００年頃《ごろ》、北欧地域《ほくおうちいき》では巨石《きょせき》を使った墓《はか》の建造《けんぞう》が盛《さか》んで、ストーンヘンジもこの文化を引き継《つ》いだ人々がつくったものだと考えられます。ストーンヘンジがつくられたのは、西欧地域《せいおうちいき》で巨石建造《きょせきけんぞう》物ブームが終焉《しゅうえん》を迎《むか》えはじめる紀元前２０００年頃《ごろ》であることがわかっています。

古代天文施設《しせつ》

イギリスに残されたストーンサークルも、その中心部分が墓所《ぼしょ》になっているものが多く見受けられるため、ストーンヘンジも権力者《けんりょくしゃ》の墓所《ぼしょ》ではないかと長い間考えられてきました。遺跡《いせき》の周辺《しゅうへん》を調べた考古学調査《ちょうさ》によって、この付近から装飾《そうしょく》用の短刀《たんとう》や金製《せい》の装身具《そうしんぐ》などが発見されて、これらはストーンヘンジ建造《けんぞう》と同時期の青銅器《せいどうき》時代のものであることが判明《はんめい》しています。しかし、ストーンヘンジの中心部分からは埋葬《まいそう》されたと思われるような人骨は発見されませんでした。17世紀には周辺《しゅうへん》から人骨が発見されましたが、ドルイド僧《そう》たちが宗教儀式《しゅうきょうぎしき》で神に捧《ささ》げた生《い》け贄《にえ》のものではないかと考えられ、正規《せいき》の手順で埋葬《まいそう》されたものではなかったようです。

現在では研究が進み、ストーンヘンジの入り口にある4対の石柱《せきちゅう》が、紀元前1500年頃《ごろ》の夏至《げし》の日が昇《のぼ》る方向を指すようにつくられていたことが明らかになっています。夏至《げし》の夜明け、地平線から昇《のぼ》る太陽の位置《いち》を見てその年の暦《こよみ》をつくり、古代の人々が神に捧《ささ》げる祭りや作物の種まき・収穫《しゅうかく》時期を決めるために利用した天文施設《しせつ》ではないかとの見方が一般的になっています。

地球のレイライン上に点在すると言われる古代遺跡《いせき》。権力《けんりょく》者の墳墓《ふんぼ》説、宗教《しゅうきょう》の祭祀《さいし》場説、暦《こよみ》の働きをする天文台説がある。一部のオカルティストの中にはストーンヘンジの魔力《まりょく》・霊力《れいりょく》を信じている者もいる。

天乃浮船《あめのうきふね》・アメノトリフネ

日本には古くから「空を飛ぶ船」の神話が残されています。その乗り物を使って、神々は1日で考えられないような距離《きょり》を移動《いどう》していたと伝わっています。

天乃浮舟(あめのうきふね)

富山県の呉羽山に残されていた「皇祖皇太神宮《こうそこうたいじんぐう》」に伝わるとされる古文書が、古代文字で書かれた「竹内文書」です。この古文書には現在の皇室《こうしつ》の系譜《けいふ》とはちがった歴史《れきし》が記されていて、天皇《てんのう》がより「神」に近い存在《そんざい》として描《えが》かれています。それによれば【皇太神《こうたいじん》である「天日豊本葦牙皇主身光大神（アメヒノモトアシカビキミヌシミヒカリオオカミ）」が天元根国（アメノムトネノクニ）に諸神《もろがみ》を率《ひき》いて「天の浮舟《うきふね》」で降臨《こうりん》し、「上古初代一世天皇《てんのう》」となった】とあります。つまり最初の天皇《てんのう》になったのは、天の浮舟《うきふね》でやって来て地上に降《お》り立った「皇太神《こうたいじん》」だと言うのです。これは世界の古代文明遺跡《いせき》に伝わる「宇宙人が飛来して、人々に知恵《ちえ》と技術《ぎじゅつ》を授《さず》け、高度な文明を築《きず》いた」という話に非常《ひじょう》に似《に》ています。

また【ケサリ月円五日、詔（しょう）して万国巡行《じゅんこう》、大力勇神通力にて一日八千里、天空浮舟《うきふね》乗行給《たま》ふ。又《また》、一日一万一千里行給《たま》ふ。時に万国五色人王、又《また》、尊者貴《そんじゃたっと》く、天神の御来光《ごらいこう》と云《い》ふ拝礼《はいれい》す】ともあります。「2月15日に天皇《てんのう》が世界の巡行《じゅんこう》にお出かけになりました。1日に8千里、つまり3万2千㎞、あるいは1万2千㎞を移動《いどう》する『天乃浮舟《あめのうきふね》』に乗って世界各地を訪《おとず》れ、訪問《ほうもん》地で国王・尊者《そんじゃ》など尊《とうと》い身分の方々に礼拝《れいはい》を受けられました。」という意味です。

アメノトリフネ

古事記に記されるイザナギ神とイザナミ神の間に生まれた鳥之石楠船神（とりのいわくすふねのかみ）という名の神であり、神々が乗る「船」でもある不思議《ふしぎ》な存在《そんざい》です。また日本書紀では、イザナギ神とイザナミ神が生んだ最初の子・ヒルコを鳥磐櫲樟船（とりのいわすふね）に乗せて流したとの記述《きじゅつ》があります。

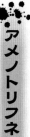

古事記で語られる「国譲《くにゆず》り」の際には、武御雷《たけみかづち》神《のみこと》に従《したが》って地上にやって来たとも言われています。これは「天空を走る雷は船に乗って天地を移動《いどう》する」と考えられていたからでしょう。

神名である「鳥」とは、水に浮《う》く船の様子が水鳥の姿《すがた》に似《に》ていることからと言われます。「石」のように固く頑丈《がんじょう》で、「楠《くすのき》」のように腐食《ふしょく》に強い「船」という意味があります。

別名を天鳥船神（あめのとりふねのかみ）・天鳥船（あめのとりふね）と言い、いずれも「空を飛ぶ鳥のような船」を容易《ようい》に想像《そうぞう》することができます。

アトランティス大陸にも、空を飛び、超《ちょう》長距《きょ》離《り》をわずかな時間で行き来する乗り物の話が出てきます。これは同じ物を指しているのか、それとも「超《ちょう》高速飛行体」を量産《りょうさん》する技術《ぎじゅつ》が各地にあったのか・・・。

このような「乗り物」の記録《きろく》が多く残っていることを考えると、古代の空にはさまざまな形の「飛行体」が飛び交っていたのかもしれません。

「天乃浮舟《あめのうきふね》」の方が「アメノトリフネ」よりも強く「空を飛ぶ」という属性《ぞくせい》を示しているように思う。所澤神明社（埼玉県）は航空《こうくう》機と空の安全を守る神社として有名で、東大門大鳥居《とりい》横には鳥《とり》之石楠船《のいわくすふね》神を祀《まつ》った社《やしろ》がある。

エジプトのピラミッド群《ぐん》
ギザの3大《だい》ピラミッド

ピラミッドはなぜつくられたのか？

ピラミッドは現代でも未解明《みかいめい》な部分が多く、「巨大《きょだい》な日時計である」「天体観測《かんそく》のための施設《しせつ》である」「宗教儀式《しゅうきょうぎしき》をおこなうための舞台《ぶたい》である」という説もあります。実際には歴史《れきし》上に存在《そんざい》する王の石《せき》棺《かん》が発見されていることから、やはり「王墓《おうぼ》」であるとする説が有力です。

「エジプトに存在《そんざい》する最も古いピラミッドは、エジプト第3王朝時代に建造《けんぞう》されたジェゼル王のピラミッドです。このピラミッドはアステカやテオティワカンのピラミッドと同じように階段状《かいだんじょう》になっており、亡《な》くなった王の魂《たましい》が階《かい》段《だん》を登って天界へ行けるように、との祈《いの》りが込《こ》められています。

ジェゼル王以前の王墓《おうぼ》は「マスタバ」と呼《よ》ばれる長方形のもので、その地下に王の墓《はか》である「玄室《げんしつ》」がつくられました。エジプトでは死者は生前と同じ生活をすると考えられていたために、巨大《きょだい》なマスタバには王の側室《そくしつ》達が暮《く》らしていた「ハレム」、王の世話をする「召使《めしつか》いの部屋」がありました。もともとはジェゼル王の墓《はか》も「マスタバ」として建造《けんぞう》されるはずでしたが、度重《たびかさ》なる設計計画《せっけいけいかく》の変更《へんこう》から、最終的に階段状《かいだんじょう》のピラミッドになったと言われています。

「マスタバ」から現在の形のピラミッドになるまでには、いくつかの過程《かてい》を経《へ》ているようです。ベンチ型《がた》の「マスタバ」の上に日干《ひぼ》しレンガを積《つ》み重ねていく「階段《かいだん》ピラミッド」、そして「屈折《くっせつ》ピラミッド」と呼《よ》ばれる形へと変化していきます。この後、石を積《つ》み上げる技術《ぎじゅつ》が向上《こうじょう》し、「赤いピラミッド」と呼《よ》ばれるクフ王のピラミッドが建設《けんせつ》されます。このピラミッドは45度の傾《けい》斜《しゃ》を持つ二等辺三角形を形づくり、美しい三角錐《すい》の形をしていることから「真正ピラミッド」と称《しょう》されるようになりました。

ギザの3大ピラミッド

クフ王のピラミッドは人類の歴史《れきし》上最も大きな建築物《けんちく》とされており、「ギザの3大ピラミッド」と呼《よ》ばれ「世界の七不思議《ふしぎ》」に登場《とうじょう》する唯一《ゆいいつ》現存する建造《けんぞう》物でもあります。最大のものから順に「クフ王のピラミッド」「カフラー王のピラミッド」「メンカウラー王のピラミッド」と並んでいます。ちなみに1837年、遺体《いたい》の一部がメンカウラー王のピラミッドから発見されました。調査《ちょうさ》を進めるためにロンドンの大英博物館《はくぶつかん》へ運ばれる最中、遺体《いたい》を積《つ》んだ船が石棺共々沈《かんともどもしず》んでしまったためにその後の調査《ちょうさ》ができず、この遺体《いたい》がだれのものだったのかは謎《なぞ》のままです。「クフ王のピラミッド」については、長い間「王の墳墓《ふんぼ》ではない」とされていました。原因《げんいん》は、このピラミッドから王の遺体《いたい》が安置《あんち》される「玄室《げんしつ》」が見つかっていないからです。しかし19世紀にイギリスの軍人であるハワード・ヴァイスによって発見された、「王の間」の上部につくられた「重量軽減《じゅうりょうけいげん》の間」の最上部にクフ王の名前が刻《きざ》まれていました。これによってギザの第1ピラミッドは「クフ王の物である」と認められたのです。

ピラミッドの内部

考古学調査《ちょうさ》によってピラミッド内部で発見された、地上から50mの位置《いち》に存在《そんざい》する空間を「王の間」と呼《よ》んでいます。これは便宜《べんぎ》上、後の時代の人間がつけた名称《めいしょう》です。ですが、実際にはこの空間に王の墓《はか》はありません。部屋の中には空の箱が安置《あんち》されており、発見された当時はつくりかけの石棺《せきかん》かと思われていました。しかし、調査《ちょうさ》が進むにつれ、「玄室ではない」ことがわかりました。また「王の間」の下方には「女王の間（王妃《おうひ》の間）」がありますが、古代エジプト時代において、王と王妃《おうひ》が同一のピラミッドに埋葬《まいそう》されたという記録《きろく》はないため、この「女王の間」にも王妃《おうひ》の遺体《いたい》が安置《あんち》されていません。

ピラミッド内を迷路《めいろ》のように蛇行《だこう》して伸びているシャフトを、1872年にフリーメイソン会員のウェイマン・ディクソンが発見します。「王の間」から伸びるシャフトはエジプト神話で冥界《めいかい》の王である「オシリス」をあらわすオリオン座のベルトを、「女王の間」から伸びるシャフトはオシリスの妻《つま》であり妹である「イシス」をあらわすおおいぬ座のシリウスを指しています。つまり、「王」とは「冥界《めいかい》の王オシリス」のことで、「女王」とは「冥界《めいかい》の女王イシス」のことだと考えられます。オリオンとシリウスの放つ星の光、神の力をピラミッド内に貯《た》めるための装《そう》置《ち》だったのかもしれません。

クフ王のピラミッド南側からは「太陽の船」が発見されている。この船は魂《たましい》となった王が太陽神と一体となり、旅をするための物である。太陽と共《とも》にこの船で空を旅した王の魂《たましい》は夜になると地下にある死者の国で休み、朝には新しい太陽となって天空へと旅立つ。

あとがき

最近になって「UFO」や「宇宙人」を取り扱った超常現象関係のテレビ番組が増えてきて、不思議大好き人間としては嬉しい限りです。しかし、ひとつ気になっている事があるのです。「必ずUFOを呼べる」という人物がいますよね。「私が呼べば、必ずUFOはやって来ます」という言葉を聞くたびに「たった1人の都合だけでやって来るほど宇宙人はヒマなんだろうか？　燃料だってかかるだろうし、用事もないのに呼び出されて迷惑じゃないんだろうか？」と思ってしまいます。

・・・私だけでしょうか？

閑話休題。いろんな国の軍隊に「UFO・宇宙人との交戦」を想定した訓練があるのを知っていますか？　実はこれ、無人機やドローンといった遠隔操作で攻撃を仕掛けてくる相手に対する軍事訓練の一貫なんだそうです。人間が目の前にいない訓練は想像力が働きにくく、的確な判断ができないという理由から「UFO・宇宙人」という架空の相手をつくり出したということらしいのですが？　そう言いながらこっそりと・・・。いえいえ、やめておきましょう。夜中に我が家の玄関先に黒ずくめにサングラスの怖い2人組がやってきては困りますので。

今回も前回に引き続き、お世話をかけました編集者さま、素敵なイラストを描いて下さった下田麻美さま、本当にありがとうございました。

そしてこの本を手にとってくださったあなた！　あなたへ最大級の感謝を！

またお目にかかれる日を楽しみにしております。

橘　伊津姫

参考サイトURL
「Wikipedia」https://ja.wikipedia.org/wiki/
「知的好奇心の扉　トカナ」http://tocana.jp/
「NAVERまとめ」http://matome.naver.jp/
「カラパイア　不思議と謎の大冒険」http://karapaia.livedoor.biz/
「pixiv百科事典」http://dic.pixiv.net/
「神話・文明・宗教」http://freett.com/wolf_man/mcr/frame.htm
「IRORIO」http://irorio.jp
PDF「中国の古代文明を訪ねて」河村靖宏　http://www.harc.or.jp/gyouji/pdf/kouzas8.pdf
PDF「秋田・青森　縄文のストーンサークル探訪」M.Nakanishi http://www.infokkkna.com/ironroad/dock/iron/jstlaa07.pdf
「北海道・北東北の縄文遺跡群」http://jomon-japan.jp/jomon-sites/kamegaoka/
「The Dresden Codex」http://www.crystalinks.com/dresdencodex.html
「リアルライブ」http://npn.co.jp/article/detail/66048500/
「日本全国　UFO目撃スポット情報」http://ufo.yokochou.com/index.html
「ささかまBlog」http://sasakamamiyagi.blog.fc2.com/
「本当にあった(と思う)怖い話」http://blogs.yahoo.co.jp/to7002
「UFO事件簿」http://giga.world.coocan.jp/ufo/index.html
「中原中也とダダイズム、京都時代　日本史探訪・オノコロ共和国」http://www.ten-f.com/index.html
「登山＆マラソン＆超古代文明＆宇宙＆多次元世界＆アセンション＆高次元世界」http://yama-heiwa.moo.jp/index.html
「パワースポット研究所」http://ookuni.info/
「不思議の古代史」http://ikuno.lolipop.jp//piramido/index.html#00
「風水パワースポット検索」http://powerspot.crap.jp/s/2784.html
「日本のピラミッド一覧案内」http://taiyo.goraikou.com/nihon/index.html
「Celesteのあちこち巡り歩き」http://www.geocities.jp/celeste4851/index.htm
PDF「フィールドノート①　テオティワカン月のピラミッド発掘記　その1」杉山三郎
http://www.for.aichi-pu.ac.jp/tabunka/journal/1-3-1.pdf
「パンデモニウム」http://ameblo.jp/pandemonium0299/#
「X図鑑」http://www.xzukan.net/
「UFO：早稲田UFO研究委員会」http://www.geocities.jp/norichopperr/ufo/index.html
「世界の怪事件・怪人物」http://ww5.tiki.ne.jp/˜qyoshida/kaiki/00top.htm
「BeneDict地球歴史館」http://benedict.co.jp/aboutlink/
「時事ドットコム」http://www.jiji.com/jc/v4?id=201027olm0001
「不思議館」http://www.cosmos.zaq.jp/t_rex/index.html
「HUNTER: 古代文明 ニュース・データベース」http://mystery-hunter.net/
「ほんとうがいちばん」http://mizu888.at.webry.info/

参考文献
「世界神話事典」大林太良・伊藤清司・吉田敦彦・松村一男　編著(角川書店)
「今、解き明かす！　古代文明興亡の真実」吉村作治　著(成美文庫)
「超古代文明」朱鷺田祐介　著(新紀元社)
「Newton Collection Ⅱ 失われた古代文明」竹内　均　監修(教育社)
「アトランティス」フランク・アルバー　著／高柳　司　翻訳・香取孝太郎　監修(太陽出版)
「日本古代史と遺跡の謎・総解説」自由国民社

写真素材サイト
「Wikimedia Commons」https://commons.wikimedia.org/wiki/Main_Page
「pixabay」https://pixabay.com/
「PublicDomainPictures.net」http://www.publicdomainpictures.net/
「GATAG | フリー画像・写真素材集 4.0」http://free-photos.gatag.net/
「GATAG | フリー画像・写真素材集 3.0」http://free-images.gatag.net/
「PIXTAデジタル素材」https:pixta.jp

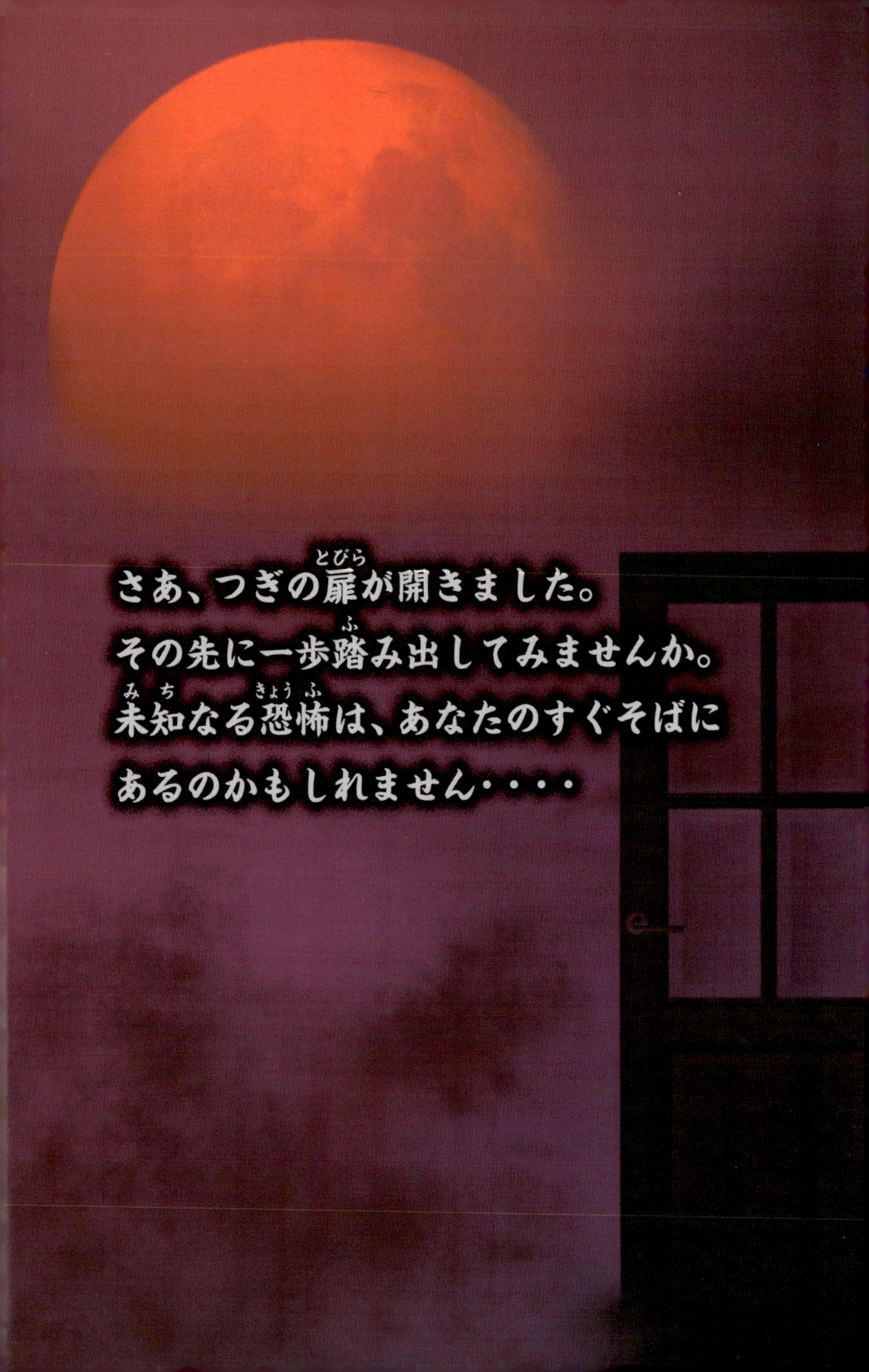
さあ、つぎの扉《とびら》が開きました。
その先に一歩踏《ふ》み出してみませんか。
未知《みち》なる恐怖《きょうふ》は、あなたのすぐそばに
あるのかもしれません・・・・

プロフィール

橘 伊津姫（たちばな いつき）
1971年3月生まれ。埼玉県在住。
幼少期よりオカルト・ホラー・心霊写真などに興味を持ち、ネット上にてホラー小説を公開。
皓月迷宮
http://kougetumeikyu.oboroduki.com/

下田麻美（しもだ あさみ）
東京都青梅市出身。
中央美術学園卒業後、フリーのイラストレーターとして活動。
主に書籍・雑誌などの挿絵を手掛けています。

迷宮招待！異世界への入り口
古代文明・UFO・ピラミッド

2016年 2 月　初版第 1 刷発行
2017年11月　初版第 2 刷発行

著　橘 伊津姫
イラスト　下田麻美
発行者　小安宏幸
発行所　株式会社 汐文社
東京都千代田区富士見1-6-1　富士見ビル1F
TEL:03-6862-5200　FAX:03-6862-5202
URL http://www.choubunsha.com
制作　シゲ事務所
印刷　新星社西川印刷株式会社
製本　東京美術紙工協業組合

ISBN 978-4-8113-2215-5　NDC147.7